F. M Baer

Beiträge zur Kenntnis der Anatomie und Physiologie

der Atemwerkzeuge bei den Vögeln

F. M Baer

Beiträge zur Kenntnis der Anatomie und Physiologie
der Atemwerkzeuge bei den Vögeln

ISBN/EAN: 9783743467767

Hergestellt in Europa, USA, Kanada, Australien, Japan

Cover: Foto ©berggeist007 / pixelio.de

Weitere Bücher finden Sie auf **www.hansebooks.com**

Beiträge zur Kenntnis

der

Anatomie und Physiologie der Athemwerkzeuge bei den Vögeln.

(Gekrönte Preisschrift.)

Inaugural-Schrift

zur

Erlangung der Doktorwürde

einer

hohen naturwissenschaftlichen Fakultät

der

Eberhard-Karls-Universität Tübingen

vorgelegt von

Max Baer

aus Bruchsal (Baden).

Mit 2 Tafeln und 26 Figuren im Text.

Leipzig
Wilhelm Engelmann
1896.

Vorliegende Arbeit wurde angeregt durch folgende von der Tübinger Naturwissenschaftlichen Fakultät gestellte Preisaufgabe:

»Gewisse krankhafte Erscheinungen, die gemeinhin an Warmblütern beobachtet werden, welche gezwungen sind, in stark luftverdünnten Räumen zu athmen, legen die Vermuthung nahe, dass solche Vögel, die unbeschadet ihrer Leistungsfähigkeit Stunden lang in Höhen von etwa 6000 Metern frei zu schweben vermögen, zum Zwecke der Befriedigung ihres Sauerstoffbedürfnisses ihre Athmungsfläche zeitweise und willkürlich zu vergrößern im Stande sind.

Es sollen, um diese Vermuthung zu prüfen, die Luftsäcke derartiger Vögel auf ihr Gefäßsystem untersucht und speciell durch Injektionen soll festgestellt werden, ob etwa dieses System in den Lungenkreislauf eingeschaltet ist.«

Da die in dieser Richtung angestellten Untersuchungen bald erkennen ließen, dass die in der Preisaufgabe zum Ausdruck gebrachten Vermuthungen nur in beschränktem Maße zutreffen, sich aber das in Frage kommende außergewöhnliche Athmungsvermögen der Vögel auf anderem Wege erklären lässt, und außerdem das Studium der einschlägigen Litteratur ergab, dass besonders die Physiologie der Athmung bei den Vögeln in eingehender Weise nur von wenigen Forschern und nicht genügend bearbeitet ist, so wurde die Athmung der Vögel überhaupt einer näheren Behandlung unterzogen. Einige anatomische Abschnitte, die bereits vordem vollständig bekannt, eigentlich außerhalb der Grenzen dieser Arbeit liegen, wurden der Vollständigkeit halber und zum besseren Verständnis der physiologischen Vorgänge aufgenommen.

Der anatomische Theil wurde im Zoologischen Institut gefertigt, die physiologischen Untersuchungen im Physiologischen Institute hier ausgeführt.

Es ist mir ein Bedürfnis, an dieser Stelle meinen hochverehrten Lehrern, Herrn Prof. Dr. Eimer und Herrn Prof. Dr. v. Hüfner, für das mir stets erwiesene Wohlwollen und die der Arbeit entgegengebrachte rege Antheilnahme meinen innigsten Dank auszusprechen.

Eben so bin ich dem Herrn Prof. Dr. Grützner für die liebenswürdige Überlassung der ausgezeichneten physiologischen Apparate und die hilfreiche Unterstützung durch Rath und That bei der Ausführung der Untersuchungen zu großem Danke verpflichtet.

Auch den beiden Assistenten des Zoologischen Instituts, Herrn Privatdocent Dr. Hesse und Herrn Dr. Fickert sei für die mir freundlichst gewährte Unterstützung bestens gedankt.

Einleitung.

Vom rein anatomischen Standpunkte aus betrachtet, schließt sich der Respirationsapparat der Vögel zunächst an den ihrer nächsten Verwandten, der Reptilien und unter diesen wiederum der Saurier und Schlangen an, in so fern bei beiden an einen proximalen parenchymreichen Abschnitt — Lungen — eine periphere, substanzarme, häutige Abtheilung, — Luftsack bezügl. Luftsäcke —, sich unmittelbar anschließt.

Wollte man eine derartige Homologie der Theile gelten lassen, so bestände der Hauptunterschied zwischen beiden Klassen darin, dass bei den Vögeln beide Komponenten des Athmungsapparates relativ umfangreicher geworden sind, ganz besonders aber darin, dass die häutigen Theile eine ganz ungewöhnliche Ausdehnung erlangt haben, während zugleich eine scharfe Abgrenzung zwischen beiden eingetreten ist.

Die außerordentliche Ausdehnung der Luftsäcke und das Eindringen derselben in alle Körpertheile, selbst zwischen die Muskeln und in die Knochenhöhlen, erinnert uns lebhaft an die Athmungswerkzeuge anderer Thiere, die mit den Vögeln das Flugvermögen gemeinsam haben, an die Tracheen der Insekten.

Prüft man aber die Athemwerkzeuge der Vögel in funktioneller

Hinsicht, so kommt man zum Schlusse, dass dieser Apparat durch ein günstiges Zusammenwirken beider Abschnitte die höchste Vollkommenheit erreicht hat, eine Vollkommenheit, die ihn weit über den der Säugethiere stellt. Der Beweis hierfür soll in den folgenden Erörterungen erbracht werden.

Zu meinen Untersuchungen standen mir folgende Arten zur Verfügung:

Falco tinnunculus,
Milvus ater,
Astur palumbarius,
Buteo vulgaris,
Strix aluco,
Strix noctua,
Ynnx torquilla,
Lanius minor,
Muscicapa grisola,
Turdus musicus,
Sylvia hortensis,
Alauda arvensis,
Alauda cristata,
Fringilla canaria,
Sturnus vulgaris,
Corvus monedula,
Corvus corone,
Corvus cornix,
Corvus frugilegus,
Pica caudata,
Garrulus glandarius,
Sitta europaea,
Cypselus apus,
Columba livia,
Gallus domesticus,
Casuarius indicus,
Vanellus cristatus,
Anser domesticus,
Hirundo rustica.

I. Über den Bau der Athemwerkzeuge bei den Vögeln.

1. Die Lungen.

Vgl. *Lg* in Fig. 3*a*, 5 und 7.)

Die Lungen der Vögel verhalten sich wesentlich anders als die der Säugethiere. Sie sind verhältnismäßig sehr klein, so dass sie HARVEY (24), der die Bluterfrischung in die Luftsäcke verlegte, »Zugänge zu den Lungen« nannte. Neben dem geringen Umfang fällt ihr Verhalten zur Brusthöhle auf. Sie füllen diese nicht vollständig aus, sondern nehmen bloß einen kleinen dorsalen Theil derselben ein, ohne dabei an irgend einer Stelle auch nur die Sternalrippen, geschweige das Brustbein zu erreichen. Im Bereiche ihrer costalen Fläche sind sie durch Bindegewebe mit der Brustwand fest verbunden und senken sich auch, gleichsam einen Ausguss des dorsalen Brustraumes bildend, in die Zwischenrippenräume ein, dem entsprechend die dorsale Hälfte ihrer costalen Fläche tiefe, quer verlaufende Furchen zur Aufnahme der Vertebralrippen aufweist.

Auf ihrer ventralen Fläche bemerkt man mehrere große Öffnungen, die Zugänge zu den Luftsäcken.

Nach Angabe aller Forscher ist nur die letzterwähnte, dem Brustbein und der Bauchhöhle zugewandte Fläche vom Brustfell überzogen, während die costale und mediane Fläche eines serösen Überzuges entbehren sollen. Nur GOUILLOT (23) bezeichnet diese Annahme als irrig und sagt: »La plèvre des oiseaux existe tout autour de chacun des poumons.« Nach meinem Dafürhalten hat GOUILLOT vollkommen Recht, wenigstens gelang es mir stets, eine zusammenhängende, wenn auch sehr zarte Membran auf der ganzen Oberfläche der Lungen nachzuweisen, die aber durch die Verlöthung mit der Rippenwand eine etwas zerfaserte Oberfläche zeigt. Somit wäre die feste Verbindung der Lunge mit der Brustwand auf eine Verwachsung der Pleura costalis mit der Pleura pulmonalis zurückzuführen, wie ja auch im Bereich der Ventralfläche die allgemein angenommene Pleura pulmonalis mit dem sog. Diaphragma verwächst.

Physiologisch besonders wichtig ist neben dieser Verwachsung die geringe Elasticität der Lungen. Dieselben retrahiren sich weder bei Eröffnung der Brusthöhle noch bei der Herausnahme aus derselben, behalten vielmehr stets das gleiche Volumen bei. Bringt man Öffnungen in der dorsalen, die Lungen bedeckenden Thoraxwand an, ohne dabei die Lungen zu verletzen, so wird dadurch der Respirationsmechanismus in keiner Weise gestört.

a. Bau der Lungen.
(Vgl. Fig. 1.)

Mit nur wenigen Ausnahmen theilt sich die Trachea gleich nach ihrem Eintritt in die Brusthöhle in einen rechten und linken Hauptbronchus (primärer Bronchus). An der Gabelungsstelle ist gewöhnlich der untere Kehlkopf, das Stimmorgan der Vögel, eingeschaltet. Die Hauptbronchien verlaufen divergirend eine Strecke weit frei in der Brusthöhle ventrolateralwärts und treten dann nahe an der Grenze zwischen vorderer und hinterer Lungenhälfte an der medioventralen Fläche in die Lungen ein. Unmittelbar danach erweitert sich der Hauptbronchus zu einem ampullenförmigen Vestibulum und verliert dabei die Knorpelringe fast vollständig.

In seinem weiteren Verlauf liegt der Hauptbronchus eben so wie dessen wenige Äste und Zweige sehr nahe an der Ventralfläche der Lungen fast unmittelbar unter der Pleura. Nach Herstellung des Vestibulums theilt sich der Hauptbronchus in zwei Kanäle, einen dorsalen, inneren und einen ventralen, äußeren. Von diesen hat der dorsale die gleiche Weite wie der Hauptbronchus und verläuft gleichsam als unmittelbare Fortsetzung des letzteren in beinahe gerader Richtung zum hinteren inneren Lungenwinkel, wo er mit weiter, dicht unter dem Bogen des sog. pulmonalen Diaphragma gelegener Öffnung, Ostium posterius, unmittelbar in den abdominalen Luftsack ausläuft. Diesen Hauptkanal nennt Huxley Mesobronchium; sein Ostium liegt zwischen sechster und siebenter Vertebralrippe.

Der zweite Kanal verläuft, wie schon angedeutet, etwas ventral- und lateralwärts von dem vorigen gegen den äußeren Lungenrand, den er aber gewöhnlich nicht erreicht. Er ist viel kürzer und weniger weit als das Mesobronchium. In einer im vierten Intercostalraum, etwas vor- und lateralwärts vom Ostium posterius gelegenen Öffnung, dem Ostium intermedium posterius, geht er in den hinteren diaphragmatischen Luftsack über. Bei den Passeres mündet er vermittels zweier Öffnungen.

Auf der dorsalen Wand des Vestibulum entspringen sodann vier und aus derselben Wand des Mesobronchium sieben bis zehn, gewöhnlich aber bloß sieben Zweige und zwar alle sehr nahe bei einander, so dass ihre Ursprungsstellen nur durch schmale leistenartige Brücken getrennt sind, von denen immer die proximale etwas weiter in die Lichtung des Bronchus vorspringt als die nächste distale, so dass ein in caudo-nasaler Richtung streichender Luftstrom sich theilweise in ihnen fangen muss.

Man hat die vier ersteren Entobronchien (bronches diaphragmatiques, bronchi divergentes [Sappey]), die aus dem Mesobronchium entspringenden Zweige Ektobronchien (bronches costales der Franzosen, Bronchi dorsales) genannt.

Das erste Entobronchium biegt unmittelbar nach seinem Ursprung in kurzem, nach außen und vorn gerichtetem Bogen um die Eintrittsstelle des Hauptbronchus um, giebt dabei einen größeren und mehrere kleine Zweige ab, verläuft dann ventralwärts und öffnet sich nahe am unteren Lungenrande in der Höhe der vierten Rippe in den interclaviculären Luftsack. Man hat seine Austrittsstelle aus den Lungen Ostium claviculare genannt.

Der aus ihm hervorgehende größere Zweig zieht in gerader Richtung nasal- und etwas dorsalwärts zur Lungenspitze, wo er fast in der Medianebene mit von vorn nach hinten gerichtetem Ostium cervicale in den cervicalen Luftsack mündet. Unterwegs giebt er mehrere fiederförmige Lungenzweige ab.

Die erwähnten kleinen Zweige führen dem vorderen und oberen Abschnitt der Lungen Luft zu.

Das zweite Entobronchium ist sehr kurz. Es verzweigt sich im dorsalen Theile der Lungen und sendet häufig auch einen Zweig zum Ostium cervicale in den gleichnamigen Sack.

Das dritte Entobronchium ist ebenfalls sehr kurz. Es führt in den vorderen diaphragmatischen Sack, giebt Lungenzweige an die mittlere dorsale Lungenpartie und zuweilen auch aus seiner medialen Wand einen Kanal zum clavicularen Sack ab. Sein Ostium — intermedium anterius — ist kreisrund und liegt unmittelbar hinter dem Ursprung des Bronchiums, etwas einwärts vom Lungenhilus.

Das vierte Entobronchium und sämmtliche Ektobronchien stehen mit den Luftsäcken nicht in Verbindung, sondern sind ausschließlich für die Lungen bestimmt und zwar dient das vierte Entobronchium zur Ventilation des ventralen Theils der Lungen, während die Ektobronchien unter spitzem Winkel und gegen die Lungen gerichtetem Scheitel, etwas mehr dorsal als die Entobronchien entspringend, theils in dorsaler, theils in dorsolateraler Richtung nach der Lungenoberfläche ziehen, um den dorsalen Abschnitt der Lungen zu ventiliren.

Sämmtliche Bronchialzweige sind verhältnismäßig weit, durchaus dünnhäutig und sehr innig mit dem Lungenparenchym verbunden.

Wie aus dem bisher Gesagten hervorgeht, beträgt die Zahl der auf der Lungenoberfläche gelegenen, in die Luftsäcke führenden Ostien fünf; diese Zahl ist nun allerdings nicht beständig, weil es vorkommt, dass gleichzeitig mehrere pulmonale Zugänge zu einem Luftsack führen; immerhin kann diese Zahl aber als gewöhnlich angenommen werden.

Die weitere Verfolgung der Bronchien führt uns zur Untersuchung des feineren Baues der Lungen selbst, die sowohl in der Anordnung der Luftwege als in dem eigentlichen respirirenden Parenchym von den Lungen der Säugethiere gänzlich verschieden sind.

Sämmtliche Ektobronchien und diejenigen Entobronchien, welche nicht in die Luftsäcke führen, ziehen in leicht geschlängeltem Verlauf unmittelbar nach der Lungenoberfläche und zwar entweder vollständig ungetheilt oder sie theilen sich etwa im letzten Drittel ihrer ganzen Länge in zwei, höchstens drei gleichwerthige Äste. Hierbei verlieren sie allmählich ihre an sich schon dünnhäutige Wandung, so dass sie, vom Lungenparenchym fast unmittelbar begrenzt, eigentlich nichts Anderes darstellen als große Lücken, wie die Poren eines Badeschwammes.

Dieser Umstand ist es, der das Studium der Vogellungen, besonders des Verlaufes der Bronchien, so sehr erschwert. Die Untersuchung der größeren Verhältnisse geschieht am besten an Korrosionspräparaten, zu deren Herstellung die HYRTL'sche Masse mit Erfolg verwendet wurde.

Die Wände sämmtlicher Bronchialäste, außer derjenigen, die in Luftsäcke übergehen, sind von einer Unmenge dicht stehender, kleiner, gleichweiter Öffnungen siebartig durchbohrt, den Zugängen zu den letzten und feinsten Bronchialverzweigungen, den Bronchien dritter Ordnung, den sog. Lungenpfeifen.

Diese Lungenpfeifen, Parabronchia (HUXLEY), Canaliculi aëriferi SCHULZE), Canaux tertiaires, Bronchial tubes (RAINEY) spielen in der auf die Vogellunge bezüglichen Litteratur eine große Rolle. Sie entspringen aus den Bronchialästen unter rechtem oder annähernd rechtem Winkel und ziehen in radiärer oder auch fiederförmiger bez. einseitig kammförmiger Anordnung unverzweigt bei ziemlich gleichbleibender Weite und vielfach unter einander parallel nach allen Richtungen der Lungen hin.

Häufig von recht bedeutender Länge verlaufen sie Anfangs gerade, dann leicht geschlängelt, hier und da auch geknickt, und münden entweder blind oder sie führen in einen anderen benachbarten Bronchus. Aber auch die Lumina der einzelnen Lungenpfeifen sind durch schräg verlaufende Anastomosen vielfach mit einander verbunden.

Man kann diese Kanäle mit bloßem Auge leicht verfolgen. Sie stellen verhältnismäßig dickwandige Röhren dar, welche in Folge dichter Lagerung und daraus resultierenden gegenseitigen Druckes die Form von meist sechseckigen oder sonst polygonalen, seltener rundlichen Säulchen mit kreisrundem Lumen angenommen haben.

Dem Lungenparenchym verleiht dieser Bau ein äußerst gleichartiges Gefüge, das besonders auf Querschnitten mit dem eines spanischen Rohres viel Ähnlichkeit hat.

Die Wandungen der Pfeifen werden nur von dem gleich zu beschreibenden respiratorischen Lungenparenchym selbst dargestellt.

Betrachtet man die Kanäle von innen, so bemerkt man eine Menge in ziemlich regelmäßigen Abständen auf einander folgender und nach innen schwach vorspringender Ringleisten, verbunden durch zahlreiche, der Hauptsache nach längsverlaufende Scheidewände. Beide zusammen bilden ein feinstes Fachwerk von bienenwabenähnlichen Nischen. In diese Nischen münden radiär zu den Lungenpfeifen, selten einzeln, meist zu zwei oder drei vereint, die Ausführungsgänge der primären Lungenläppchen, Rami finales. Sie sind nach der Peripherie spitzwinkelig dichotomisch verästelt, dabei leicht geschlängelt und endigen in seitlichen oder terminalen, traubigen oder höckerigen Blindsäcken, den Alveolen; letztere besitzen einen Durchmesser von 6—10 μ. Ihre Wände, sofern von solchen überhaupt die Rede sein kann, werden von den dichten Kapillarnetzen der Vena pulmonalis gebildet, gestützt von nur spärlichen Zügen von Bindegewebe und elastischen Fasern. Die Schleifen der Kapillarnetze springen vielfach frei in das Lumen der Alveolen vor, so dass sie allseitig von Luft umspült sind.

Auf den histologischen Bau der Vogellungen soll des Weiteren nicht eingegangen werden. Erwähnt sei nur, dass Bronchien und Lungenpfeifen von einem flimmernden Epithel ausgekleidet sind. Zwischen den Flimmerzellen sind Becherzellen häufig. Ob auch die Innenfläche der Alveolen ein Epithel trägt, ist bis heute nicht entschieden. Mir scheint es sehr unwahrscheinlich. Höchstens könnten die zwischen den einzelnen Kapillarschlingen restirenden Lücken, die aber bei der großen Dichtigkeit des kapillaren Filzwerks nur sehr spärlich vorkommen, mit einem zarten Plattenbelag versehen sein. Die Kapillaren selbst sind jedenfalls nackt.

Von RAINEY und Anderen, neuerdings auch von H. STRASSER (54), wird entgegen der Ansicht von F. E. SCHULZE (52) angenommen, dass auch zwischen den letzten Lufträumen, also den Alveolen, derselben und benachbarter Bronchien zahlreiche offene Kommunikationen, zwischen den einzelnen Bälkchen der Kapillargefäße hindurch, bestehen. Wir haben bei der Untersuchung von Doppelinjektionspräparaten derartige Kommunikationen wiederholt verfolgen können.

In Folge derselben, und vor Allem durch die offene Verbindung der einzelnen Lungenpfeifen kann die Athemluft überall, nach jeder Richtung hin, direkt und ohne die großen Röhren passiren zu müssen, durchstreichen und ist nicht wie in den Säugethierlungen gezwungen, bei der Ausathmung wieder den Weg einzuhalten, den sie bei der Einathmung benutzt hatte.

Physiologisch von größter Wichtigkeit ist der relativ geringe Rauminhalt der Luftwege der Lungen im Vergleich zu dem ungeheuren Reichthum an Kapillaren. Die Arteria und Vena pulmonalis sind relativ sehr stark, die letztere nur einfach vorhanden. Beide verästeln sich im gemeinschaftlichen Verlauf dichotomisch, ohne an die Bronchien gebunden zu sein, und lösen sich in außerordentlich zahlreiche Endverzweigungen pinselförmig auf. Eine Arteria bronchialis fehlt vollständig. Die Pulmonalis ist zugleich auch ernährendes Gefäß.

2. Zwerchfell und Leibeshöhle.

Vgl. *a.Z* in Fig. 4 und *p.Z* in Fig. 2.)

Bevor ich mich zur Beschreibung der Luftsäcke wende, muss ich Einiges über das Zwerchfell und im Anschlusse daran über die Leibeshöhle der Vögel einschalten.

Genaue Untersuchungen über das Zwerchfell sind von HUXLEY (26a) und SAPPEY (50), sowie früher von PERRAULT angestellt worden. Nach den beiden erstgenannten Autoren zerfällt dasselbe in zwei Theile, das vordere, quere oder pulmonale, auch dreiseitige Zwerchfell (pulmonary aponeurosis HUXLEY, diaphragme pulmonaire SAPPEY, diaphragmite antérieur MILNE EDWARDS) (vgl. Fig. 2 *p.Z*) und das hintere, schräge oder vertikale, auch abdominale Zwerchfell (diaphragmite thoraco-abdominal MILNE EDWARDS' (vgl. Fig. 4 *a.Z*). Beide sind nichts Anderes als Theile der Pleura bez. des Peritoneums, zu denen im pulmonalen Zwerchfell noch die später zu beschreibenden PERRAULT'schen (46) Lungenmuskeln hinzukommen. Dieses vordere quere Zwerchfell, das ungefähr dem Zwerchfell der Säuger entspricht, kommt folgendermaßen zu Stande:

Von den Seitenrändern der Brusthöhle neben den ventrolateralen Lungenrändern, also vom zweiten oder dritten bis sechsten Rippenpaar und den dazugehörigen Zwischenrippenmuskeln schlägt sich die Pleura auf die medioventrale Fläche der Lungen, steigt dann, diese vollständig überziehend und damit verwachsend, schief nach innen und oben, um median mit dem der anderen Seite zusammenzustoßen. Durch die Vereinigung beider entsteht dann ein medianes vertikal verlaufendes Septum, das hintere Mittelfell, das längs des Rückens hinzieht und an die Wirbelsäule sowie an die oberen Partien der beiden letzten Rippen sich anheftet. Auf diese Weise entsteht — zunächst abgesehen vom Mediastinum, ein quer von vorn und unten nach hinten und oben verlaufendes aponeurotisches Septum, das einen vorderen oberen Brustraum, Cavum pulmonale, mit den Lungen von den übrigen Eingeweiden und den Luftsäcken abtrennt. Das Herz liegt außerhalb dieses Cavums.

Etwas distal von der Ansatzstelle der eben beschriebenen Aponeurose, und zwar vom Processus lateralis und den Processus costales sterni, sowie den Innenflächen des zweiten bis sechsten Rippenpaares entspringen jederseits fünf längliche platte Muskelbündel, von denen die beiden letzten zu einem verschmolzen sind, die Perrault'schen Lungenmuskeln. Auch sie ziehen schief nach oben und innen und gehen dorsal in die oben beschriebene Aponeurose, caudal in den Querbauchmuskel über. Beim Kasuar, den zu untersuchen ich Gelegenheit hatte, sind diese Muskeln besonders stark entwickelt und entspringen von der vorletzten Rippe an nach vorn jederseits mit acht viereckigen Muskelbündeln. An den Übergangsstellen der Bronchien in die Luftsäcke zeigt das pulmonale Zwerchfell weite Durchbohrungen zum Durchtritt der ersteren. Diese Stellen sind meistens von den Lungenmuskeln überbrückt, wogegen das Zwerchfell sowohl mit dem Rande der Ostien als auch mit den Wänden der durchtretenden Bronchien innig verwächst.

Das hintere oder thoracoabdominale Zwerchfell könnte allenfalls als den Zwerchfellpfeilern der Säugethiere analog betrachtet werden und bildet eigentlich die Fortsetzung des ventralen Randes des Mediastinums. Es spannt sich in wesentlich vertikaler Richtung von der Wirbelsäule schräg durch die Leibeshöhle zum Sternum und den Bauchwandungen aus, reicht caudalwärts bis zum Hüftbein, an das es sich anheftet, während es mit seinem nasodorsalen Rande mit dem pulmonalen Zwerchfell verwächst. Seine thorakale Fläche verbindet sich in ihrer unteren und mittleren Partie mit dem Herzbeutel, in ihrer oberen Partie mit den diaphragmatischen Luftsäcken. Seine abdominale Fläche verwächst mit dem Aufhängeband der Leber. Von ihm spalten sich zwei fibröse Platten ab, von denen die eine rechts, die andere links quer nach außen zieht und sich zwischen der dritten Rippe und dem Lungenhilus mit dem vorderen Zwerchfell verbindet.

Dadurch zerfällt nun der ganze ventral vom pulmonalen Zwerchfell gelegene Leibesraum in drei Abschnitte: in eine mediane Abtheilung mit dem Herzen, sämmtlichen Baucheingeweiden und den cervicalen, interclavicularen und abdominalen Luftsäcken, das Cavum cardio-abdominale — und in zwei seitliche, d. h. dorso-laterale, vom pulmonalen Zwerchfell bis zu den Hüftbeinen sich erstreckende Bezirke (cavum subpulmonale Huxley), begrenzt lateral und dorsal von den Wänden der Rumpfhöhle, medial und ventral vom thorako-abdominalen Zwerchfell. In diesen Räumen liegen jederseits der vordere und hintere diaphragmatische Sack.

Auch das hintere Zwerchfell besteht zum großen Theil aus einer sehr zarten Aponeurose. Nur vom vorderen Beckenrande und der Lendengegend her strahlen einige dunkler gefärbte Faserbündel in dieselbe aus. Diese Züge hielt Sappey (50) für Bündel von quergestreiften Muskelfasern und schrieb ihnen die Aufgabe zu, das hintere Zwerchfell anzuspannen und so gleichzeitig das vordere Zwerchfell nach unten zu ziehen. Diese Ansicht ist offenbar eine irrige. Schon Campana (11) führt aus, dass das hintere Zwerchfell bloß aus elastischen Fasern bestände, und diesen Befund bestätigt Strasser (54) für die von ihm untersuchten Vögel. Ich selbst habe bei der Untersuchung von Präparaten, die mit Hämatoxylin behandelt waren, sowie bei der Maceration mit Kalilauge die Überzeugung gewonnen, dass in der fraglichen Aponeurose neben den elastischen Fasern glatte Muskelzellen sehr häufig sind, und dass insbesondere die von Sappey für quergestreifte Muskulatur angesprochenen Fasern und Bündel aus glatter Muskulatur bestehen.

Wir haben es also in dem »Zwerchfell« nicht mit einer großen muskulösen Scheidewand zwischen Brust- und Bauchhöhle zu thun, wie bei den Säugethieren, sondern bloß mit einem System zarter, bindegewebiger Häute, die lose ausgespannt bei dem Mechanismus der Athmung unmöglich eine große Rolle spielen können, denn auch die Muskeln des pulmonalen Zwerchfells, auf deren Bedeutung im physiologischen Theil eingegangen werden soll, sind äußerst schwach ausgebildet.

3. Die Luftsäcke.

Bei der Besprechung der Lungen wurde gezeigt, dass der Hauptbronchus und einige größere Äste desselben unverzweigt und ohne an Raum zu verlieren nach der Lungenoberfläche ziehen, diese sowie das pulmonale Zwerchfell durchbohren und dann unmittelbar in die Luftsäcke übergehen.

Diese letzteren stellen ein System von typisch angeordneten Hohlräumen dar, welche von einer äußerst zarten, fast vollkommen durchsichtigen Membran umschlossen sind. Man hat diese Membran allgemein als Fortsetzung der Bronchialwände und die Luftsäcke als Ausstülpungen der Bronchien betrachtet. Dieser Auffassung kann ich mich nicht anschließen, schon desshalb nicht, weil die Luftsäcke im frühen Embryonalstadium als durchaus selbstständiger Theil der Lungenanlage, gleichsam als besondere Lappen auftreten, dann aber vor Allem, weil diese Membran mit den Wänden der großen Bronchien auch morphologisch in gar keine Beziehung gebracht werden kann. Wir müssen vielmehr die Luftsäcke als einen besonderen

Theil des Respirationsapparates, als etwas »zu den Lungen Hinzugekommenes« (Pagenstecher [45]) betrachten.

Denken wir uns mit den fünf Bronchialöffnungen auf der Oberfläche jeder Lunge eben so viele recht dünnwandige Gummibälle in Verbindung und diese durch die Trachea so aufgeblasen, dass sie von den Seiten und oben her zwischen die Rumpfwand und Eingeweide, dann zwischen die einzelnen Eingeweide selbst sich einschieben, überhaupt in alle freien Räume, die Spalten und Vertiefungen der Rumpfhöhle eindringen und überall, wo sie mit den Körperwänden, oder einem der sog. Zwerchfelle in Berührung kommen, mit diesen eine feste Verbindung eingehen, so haben wir, abgesehen von der nur beschränkten Elasticität der Wandungen, ein grobes, aber treffendes Bild von der Anlage der Luftsäcke.

Jedoch die Luftsäcke bleiben nicht auf die Rumpfhöhle beschränkt. An geeigneten Stellen, besonders an der Austrittsstelle größerer Gefäß- und Nervenstämme, wie den Achselhöhlen und Leisten etc. treten ihre Ausstülpungen über die Grenzen der Leibeshöhle hinaus, um sich zwischen die lokomotorischen Muskeln, bei einigen Vögeln auch noch zwischen Haut und Muskulatur zu verbreiten (subkutane Pneumaticität). Endlich stehen sie entweder direkt oder indirekt durch die intermuskulären Fortsätze mit den Höhlen der pneumatischen Knochen des Rumpfes und der Extremitäten in offener Verbindung.

Zieht man nun in Betracht, dass die Eingeweide der Vögel nur einen medialen Theil der Rumpfhöhle einnehmen, so begreift man, dass die Ausdehnung der Luftsäcke eine ganz bedeutende ist und man staunt in der That, welche Dimensionen der Vogelkörper annimmt, wenn man die Respirationsorgane mit Luft oder Injektionsmasse ad maximum anfüllt.

Aus dieser kurzen Übersicht über das Wesen und die Verbreitung der Luftsäcke dürfte hervorgehen, dass es unmöglich ist, die Form der Luftsäcke, trotz ihrer durchaus typischen Anordnung und Vertheilung im Vogelkörper, nach Flächen, Rändern, Fortsätzen etc., wie dies sonst bei anatomischen Beschreibungen gebräuchlich ist, bis ins Einzelne wiederzugeben. Ihre Gestalt ist eben wesentlich abhängig von der Gestaltung der Umgebung, womit aber keineswegs gesagt sein soll, dass sie, wie man vielfach annimmt, einfache interstitielle Lücken ohne irgend welche Selbständigkeit der Form darstellen.

a. Zahl und Eintheilung der Luftsäcke.

Entsprechend der Anzahl der Bronchialöffnungen auf der Oberfläche jeder Lunge beträgt die Zahl der an diese sich anschließenden Luftsäcke jederseits fünf.

Von diesen fünf Paaren verschmilzt ausnahmslos das zweite in der Medianlinie der Brusthöhle zu einem unpaaren Sacke, durch dessen Vermittelung somit die Bronchien beider Lungen mit einander in Kommunikation stehen.

Von vorn nach hinten betrachtet, hat man die Luftsäcke folgendermaßen benannt:

1) die Cervicalsäcke (sacci cervicales),
2) der unpaare Interclavicularsack oder Clavicularsack (saccus interclavicularis),
3) die vorderen diaphragmatischen oder thorakalen Säcke (sacci intermedii anteriores),
4) die hinteren diaphragmatischen oder thorakalen Säcke (sacci intermedii posteriores),
5) die abdominalen Säcke (sacci abdominales).

Die drei ersten Säcke liegen in dem vor der Herzbasis gelegenen Theil des Cavum cardio-abdominale, ventral vom Septum pulmonale, das dritte und vierte Paar im Cavum subpulmonale zwischen dem Septum pulmonale und thoraco-abdominale, die abdominalen Säcke in der eigentlichen Bauchhöhle.

Demgemäß hat man die Luftsäcke in drei Gruppen: vordere, mittlere und hintere geschieden.

b. Die cervicalen Säcke.
(Vgl. Fig. 3*a* und Fig. 6 *Cv.S.*)

(Réservoirs cervicaux MILNE EDWARDS, réservoirs supralaryngicus GOUILLOT, poches pneumatiques pectorales JACQUEMIN.)

Sie sind von birnförmiger Gestalt, paarig symmetrisch und größtentheils im Brusteingang bez. vor diesem, also außerhalb der Brusthöhle gelegen. Von der Lungenspitze entspringend, reichen sie ungefähr bis zur Mitte des letzten Halswirbels und umgeben den Grund des Halses von der Ventralseite her.

In der Medianlinie sind sie zum Theil nur durch eine gemeinschaftliche Scheidewand, in welcher die Carotidenstämme verlaufen, zum Theil durch den Ösophagus getrennt. Mit ihrer dorso-medialen Fläche grenzen sie an die ventro-lateralen Muskeln des Halses, mit ihrer Basis an die Trachea, den Schlund und die Jugularvenen, die zwischen ihnen und den clavicularen Säcken in den Brustraum eintreten; außen sind sie von der Haut bedeckt.

Diese Säcke sind an sich von nur geringem Umfang, allein sie bilden eine Anzahl von Fortsätzen und Ausstülpungen, welche bei der Pneumatisation des Skelettes, besonders der Wirbelsäule, eine große Rolle spielen.

Von jedem der cervicalen Säcke zieht als erster dieser Fortsätze ein äußerst zartwandiger aber durchaus selbständiger Kanal nasalwärts bis zum Schädel. Diese Kanäle begleiten zu beiden Seiten der Medianebene, bedeckt von Muskelbündeln des Longissimus dorsi, die Vertebralarterie, mit der sie auch durch die Foramina intertransversaria hindurchziehen. Man hat diese Röhren desshalb auch Canales intertransversarii genannt (vgl. Fig. 3*a* und 3*b*, *I CvS*).

Im Niveau der sechs letzten Halswirbel schwellen dieselben zwischen je zwei Foramina intertransversaria zu einem kleinen spindelförmigen Säckchen an und aus jeder dieser Anschwellungen nehmen wieder weitere Ausstülpungen ihren Ursprung. Die einen von diesen treten durch die Zwischenwirbellöcher in den Rückenmarkskanal ein, um sich dorsal vom Rückenmark mit denen der anderen Seite zu einem gemeinschaftlichen Längskanal zu vereinigen vgl. Fig. 3*b*, *Sp*.

Nach den Angaben älterer Autoren, wie JACQUEMIN (27), GOUILLOT (23) und PAGENSTECHER (45), erstreckt sich der so entstandene mediane Längskanal bis in die Schädelhöhle. Dagegen erklärt ROCHÉ (49), der Verfasser der jüngsten Arbeit über die Luftsäcke der Vögel, dass er niemals eine Verlängerung dieses Kanals in die Gehirnhöhle gesehen habe. Bei den von mir untersuchten Vögeln konnte dieser Kanal in keinem Falle über den dritten Halswirbel hinaus verfolgt werden. Am ersten Rückenwirbel endet derselbe meist blind, oder aber steht er mit der ersten intercostalen Ausstülpung des cervicalen Sackes in Kommunikation.

Andere Fortsätze der Canales intertransversarii treten, von der inneren Wand der oben erwähnten Säckchen entspringend, durch die Foramina pneumatica in die pneumatischen Höhlen der Halswirbel ein, in denen sie sich ausbreiten.

Endlich entspringt aus der äußeren Wand jedes Säckchens ein keulenförmiger Fortsatz, der zwischen der Nackenfläche der Wirbel und den Streckmuskeln des Halses dorsal- und vorwärts zieht und in einen kleinen Blindsack endet. Diese Fortsätze sind besonders bei den Palmipeden stark entwickelt.

Eine zweite, von jedem der cervicalen Säcke caudalwärts verlaufende Röhre verhält sich im Wesentlichen wie die vorige. Sie versorgt sämmtliche Rückenwirbel mit Luft, sendet spinale Zweige in den Rückgratskanal der Rückenwirbel, außerdem aber auch intervertebrale Zweige ventralwärts. Diese letzteren bilden zunächst kleine Wülste um die Costalgelenke, von welchen aus alsdann Fortsätze durch zahlreiche pneumatische Öffnungen auf der Innenfläche der Rippenbogen in die Innenräume der Rippen sich einsenken.

Bei Raubvögeln, besonders beim Bussard, fand ich endlich eine dritte Fortsetzung der cervicalen Säcke. Dieselbe zieht je als ziemlich weite, in regelmäßigen Abständen perlschnurartig eingeschnürte Röhre, nur vom Hautmuskel des Halses bedeckt, zu beiden Seiten der Spinalfortsätze nach oben bis zum Hinterhauptsbein, wo sie blind endet.

c. Der claviculare Sack.
(Vgl. Fig. 4, 5, 6 *Cl.S.*)

Saccus interclavicularis sive subbronchialis (Réservoir infralaryngien GOUILLOT, poche pneumatique sousclaviculaire JACQUEMIN, vordere thorakale Säcke OWEN, Réservoir interclaviculaire SAPPEY, Réservoir claviculaire MILNE EDWARDS).

Dieser unpaare Sack ist, wie schon früher ausgeführt wurde, durch mediane Verschmelzung zweier paarigen Anlagen entstanden, dem entsprechend er mit den Bronchien beider Lungen in Verbindung steht. Man unterscheidet an ihm eine mediane thorakale Hauptabtheilung und die paarigen extrathorakalen Fortsätze, welch letztere sich hauptsächlich zwischen den motorischen Muskeln der Vorderextremität ausbreiten.

α. Der mediane Theil des clavicularen Sackes.

Er nimmt den vom Schultergürtel und dem vordersten Abschnitt des Brustkorbes umschlossenen sog. prothorakalen Raum ein und erstreckt sich von der Fascie, die zwischen den beiden Ästen der Furcula ausgespannt, die Brusthöhle nach vorn abschließt, bis zur Herzbasis und seitlich bis zu den thorakalen Säcken. Mit seiner ventralen Wand grenzt er an das Sternum, mit den Seitenwänden an das Schlüsselbein, das Coracoid, die beiden ersten Rippen, den vorderen Rand des Schulterblattes und die Querfortsätze der ersten

Halswirbel, dorsal ist er durch die Luftröhre, den Schlund, sowie die Jugularvenen von den cervicalen Säcken getrennt. Seine Wände verwachsen überall mit den sie umschließenden festen Theilen.

Da der prothorakale Raum durch die großen Gefäßstämme, die Trachea mit den Hauptbronchien, den Ösophagus etc. in ein System äußerst unregelmäßiger Unterabtheilungen zerfällt, die alle von dem clavicularen Sack vollkommen ausgefüllt werden, so ist es geradezu unmöglich eine genaue Beschreibung von der Gestaltung dieses Sackes zu geben; dies um so mehr, als gerade er — vollständig abhängig von der Umgebung und den umschlossenen Theilen — nicht nur bei verschiedenen Arten, sondern sogar bei verschiedenen Individuen einer und derselben Art in seinen einzelnen Unterabtheilungen, der Lage und Anzahl der Septen, Kommunikationsöffnungen und Falten große Verschiedenheiten aufweist.

Vollkommen irrig wäre es übrigens, wollte man, wie Cuvier[1], annehmen, dass das Herz mit den großen Gefäßen, dem Herzbeutel etc. frei im Innenraum des Luftsackes läge und so direkt von der Luft umspült würde. Die Luft kommt niemals mit der Oberfläche der Eingeweide unmittelbar in Berührung; sie bewegt sich nicht frei in den lufthaltigen Räumen und Spalten des Körpers, sondern ist immer eingeschlossen in die allerdings oft äußerst zartwandige Membran der Luftsäcke, die ihrerseits mit den Körperwänden, überhaupt mit allen festen oder wenig beweglichen Organen verwächst, an bewegliche bez. bewegte Körpertheile aber sich innig anschmiegt. Mit anderen Worten: die pneumatischen Räume sind nicht mit Luft, sondern mit zartwandigen Luftkissen ausgefüllt. Auf Ausnahmen hiervon werde ich bei der subcutanen Pneumatisation näher eingehen.

Ich habe diese allgemeinen Sätze hier bei der Beschreibung des clavicularen Sackes besprochen, weil gerade er gegentheilige Vorstellungen zu erregen geeignet wäre.

Von dem hinteren auf die Herzbasis stoßenden Theile dieses Sackes ziehen zunächst zwei langgezogene schmale Fortsätze zu beiden Seiten des Herzens längs der Seitenränder des Sternums caudalwärts bis zur Basis des Processus lateralis posterior sterni. Sie leiten die Luft in die pneumatischen Höhlen der Sternalrippen und der Seiten des Brustbeins. Zwischen diesen und in vielen

---

[1] Cuvier (15, unterschied zwischen leeren Luftsäcken, die nur Luft enthielten, und vollen, in denen Eingeweide gelegen seien.

Fällen mit ihnen zu einem Sacke verschmelzend, breitet sich eine mediane Ausstülpung (ventral vom Herzen) des clavicularen Sackes aus. Sie reicht bei manchen Arten bis zum hinteren Rande des Sternums. Ihre dorsale Wand spannt sich vorhangartig über die konkave Innenfläche des Brustbeins aus. Durch eine bei den verschiedenen Arten recht verschiedene Anzahl pneumatischer Öffnungen, welche längs der Medianlinie des Sternums vorhanden sind, dringt die Luft in die mittlere Partie und den Kamm dieses Knochens ein. Bei Tauben ist dieser Theil des Luftsackes eben so wie der folgende nur wenig entwickelt.

Endlich schiebt sich auch zwischen die Dorsalfläche des Herzens und die beiden diaphragmatischen Säcke eine Abtheilung des clavicularen Sackes ein, so dass also das Herz allerseits von Luftsäcken umgeben ist. Die drei beschriebenen perikardialen Fortsätze des clavicularen Sackes entsprechen in ihrer Gesammtheit der Cellula cordis CUVIER's. Ich fand sie beim Staar am besten ausgebildet.

β. **Extrathorakale Fortsätze des Clavicularis.**
(Vgl. Fig. 4, 7 *C.Cl.S* und Fig. 5 *pr.S.*)

Durch die in den Seitenbrustwänden zwischen dem Musculus coracobrachialis und pectoralis minor vorhandene Öffnung tritt, zusammen mit den Nerven- und Gefäßstämmen der vorderen Extremität, ein Fortsatz des clavicularen Sackes in die Achselhöhle ein, wo er sich zu zwei umfangreichen Ausstülpungen erweitert.

Die erste derselben ist von länglicher Gestalt und breitet sich als Saccus subscapularis unter dem Musculus subscapularis nach rückwärts bis zum Niveau der dritten Rippe aus (vgl. Fig. 3a *Ssp.S*), erreicht also das distale Ende der Scapula bei Weitem nicht. Dorsal liegt sie dem hinteren Ende des cervicalen Sackes ein Stück weit von außen auf und stößt mit ihrem vorderen Ende medial vom Coracofurculargelenk an den unpaaren Theil des clavicularen Sackes, mit dem sie bei Raubvögeln auch an dieser Stelle in offener Verbindung steht. Ein kleiner Fortsatz dieses Sackes tritt in die Scapula ein. Die Fasern des Musculus subscapularis strahlen theilweise in die Außenwand des Sackes aus, wodurch dieselbe die Beschaffenheit einer Aponeurose annimmt.

Die zweite dieser Ausstülpungen, der axillare Sack (*Ax.S* in Fig. 3a und 6), nimmt, ventral von der vorigen, den Raum der ganzen Achselhöhle ein. Gefäß- und Nervenstämme liegen ihr von außen auf. Sie zerfällt in eine große Anzahl von Unterabtheilungen, die zwischen den Muskeln und Bändern dieser Gegend gelegen sind. Die größte von diesen füllt den Winkel, den der Oberarm mit dem Schulterblatt bildet, vollkommen aus, legt sich dem Schultergelenk von oben auf und sendet einen Fortsatz in die Lufthöhle des Oberarms (*Hm* in Fig. 4 und 6), dem sie die Luft zuführt. Die pneumatische Öffnung dieses Knochens finden wir am inneren Theile des Caput humeri unmittelbar vor der Crista humeri superior. Sie ist im Verhältnis sehr weit.

Eine zweite extrathorakale Verlängerung des clavicularen Sackes verlässt die Brusthöhle etwas vor und ventral von der früher beschriebenen zwischen dem Hinterrande des Coracoids und dem Musculus coraco-brachialis. Sie tritt unmittelbar in interstitielle Räume zwischen Musculus pectoralis maior und Musculus subclavius ein, wo sie sich zu einem Blindsack, dem Saccus subpectoralis (*Sp.S* in Fig. 3*a* und 4) erweitert. Obgleich dieser Sack den Saccus axillaris und subscapularis an Volumen, besonders bei guten Fliegern, bedeutend übertrifft, so füllt er den genannten intermuskulären Raum doch niemals ganz aus, vielmehr bleibt die caudale Abtheilung des letzteren vollkommen frei. Mehrere Fasern des Pectoralis major strahlen in die Membran dieses Sackes aus.

Auch in dem extrathorakalen Abschnitt des clavicularen Sackes herrschen bei verschiedenen Arten große Verschiedenheiten, sowohl bezügl. der Ausdehnung, als auch bezügl. der Zahl der einzelnen Ausstülpungen. Maßgebend für den Grad der Ausbildung dieser Luftsäcke ist unbedingt das Flugvermögen und dem entsprechend die Entwicklung der Pektoralmuskeln der betreffenden Art. So sind bei Raubvögeln und guten Fliegern überhaupt die subpektoralen und axillaren Säcke nicht nur mächtig entwickelt im Vergleich zu Thieren mit geringer Flugfähigkeit, sondern sie bilden auch eine wechselnde Anzahl sekundärer Ausstülpungen, welche sich zwischen alle um das Schultergelenk und den Oberarm gruppirten Muskeln und Aponeurosen einschieben, wie sie bei schlechten Fliegern niemals vorkommen.

d. Die diaphragmatischen Luftsäcke.

(Saccus intermedius anterior et posterior. Réservoirs thoraciques Sappey, Réservoirs diaphragmatiques Milne Edwards, Réceptacles sous-costaux Gouillot, Poche pneumatique sous-costal, Cellules hépatiques Jacquemin.)

1) Die vorderen diaphragmatischen Säcke.
(Vgl. in Fig. 3a, 4 und 7 v.th.S.)

Die diaphragmatischen Säcke nehmen als mittlere Gruppe jederseits den dorso-lateralen Raum ein, der durch das abdominale Zwerchfell von der Rumpfhöhle abgetheilt wird. Der vordere diaphragmatische Sack ist vom hinteren durch eine horizontale, von hinten und unten schief nach vorn und oben verlaufende Scheidewand getrennt. Jeder der beiden Säcke steht durch eine, oder der vordere auch durch mehrere Öffnungen mit den Bronchien in Verbindung. Die Lage dieser Übergangsöffnungen ist aus einem früheren Kapitel bekannt.

Die vorderen diaphragmatischen Säcke sind paarig und vollkommen symmetrisch. Sie grenzen seitlich an die laterale Randpartie des Sternums und an die Rippen, kopfwärts an den clavicularen Sack und das pulmonale Zwerchfell, dorsal an den hinteren diaphragmatischen Sack, medial sind sie durch das abdominale Zwerchfell vom Herzen, dem Ösophagus und der Leber getrennt; nach hinten (caudal) reichen sie bis zur letzten Sternalrippe.

Eine Kommunikation dieser Säcke mit den pneumatischen Höhlen des Brustbeins, wie sie STRASSER (54) bei Ardea cinerea gefunden hat, konnte bei keinem der von mir untersuchten Vögel nachgewiesen werden.

2) Die hinteren diaphragmatischen Säcke.
(Vgl. in Fig. 3a, 4, 7 und 8 h.th.S.)

Sie sind meist kleiner als die vorderen; es kommt jedoch auch das umgekehrte Verhältnis vor. Die Symmetrie ist bei ihnen nicht so streng durchgeführt als dies bei den vorderen der Fall ist, indem der linke Sack fast regelmäßig voluminöser ist, d. h. einen größeren Längendurchmesser aufweist als der rechte.

Sie sind begrenzt vorn (nasal) von der Ventralfläche der Lungen bez. dem pulmonalen Zwerchfell, lateral von den Vertebralrippen und der Bauchdecke, ventral von den vorderen Säcken. Ihre mediale Fläche bedeckt, abgesehen von dem abdominalen Zwerchfell, den abdominalen Luftsack und den Darm. Mit ihrem caudalen, in eine kurze Spitze auslaufenden Ende erreichen sie in allen Fällen die letzte Vertebralrippe, oder aber sie erstrecken sich vielfach über diese hinaus in die Beckenhöhle.

Die Membran der beiden diaphragmatischen Säcke verwächst

überall mit der Wand des subpulmonalen Raumes und kann auch künstlich nicht von derselben getrennt werden. Daher kommt es, dass diese Säcke, denen SAPPEY (50) gegenüber denjenigen der beiden anderen Gruppen eine ganz besondere Aufgabe für den Mechanismus der Athmung zuschreibt, bei der Eröffnung der Brusthöhle nicht kollabiren, wie es beispielsweise von den abdominalen Säcken geschieht.

Um sich von diesen Verhältnissen einen richtigen Begriff zu machen, muss man sich den subpulmonalen Raum einfach mit den Bronchialöffnungen in Verbindung gesetzt und mit der Membran dieser Luftsäcke austapezirt denken. Mit »Säcken« im wahren Sinn des Wortes hat man es hier eigentlich nicht zu thun.

c. Die abdominalen Säcke.
(Vgl. in Fig. 3a, 4, 5, 8 und 9 A.S.)

Sacci abdominales (Réservoirs abdominaux).

Sie sind paarig. Ihre Kapacität ist bedeutender als die aller übrigen Luftsäcke zusammen. Der linke Sack ist entsprechend der größeren Ausdehnung des linken hinteren diaphragmatischen Sackes und der Ausbildung des linken Eileiters beim Weibchen gewöhnlich kleiner als der rechte. Ausgehend von dem hinteren Lungenwinkel, wo der Hauptbronchus unmittelbar in diese Säcke übergeht, erstrecken sie sich, ungefähr in der Gestalt einer großbauchigen Retorte, über die Leber und den Magen hinweg durch die ganze Bauch- und Beckenhöhle.

Die Übergangsöffnung aus dem Hauptbronchus in diese Säcke liegt dorsal und etwas lateral von der konvexen Fläche der beiden Leberlappen, bei verschiedenen Arten mehr oder weniger von der Wirbelsäule entfernt.

Die Membran der abdominalen Säcke überkleidet dorsal die Bauchfläche der Nieren, die Vena cava, Arteria iliaca und die freie Innenfläche der Darm- und Sitzbeine, verwächst lateral eine Strecke weit mit der medianen Fläche des abdominalen Zwerchfells, während der ganze übrige Theil derselben als loser Sack frei in der Bauch- und Beckenhöhle aufgehängt ist. Eine mediale Verwachsung der Luftsackmembran mit dem Oviduct beim Weibchen und Vas deferens beim Männchen, wie sie GOUILLOT (23) und auch ROCHÉ (49) angiebt, habe ich nicht beobachtet.

In mäßig gefülltem Zustande fand ich die Hauptmasse dieser Säcke in der Bauchhöhle dorsal und ventral von Leber und Magen zwischen dem abdominalen Zwerchfell bez. dem hinteren diaphragmatischen Sack und dem Darmtractus, in der Beckenhöhle als zwei eiförmige Blasen zu beiden Seiten der Kloake. Ventral stoßen die Säcke beider Seiten in der Medianlinie zusammen und umgeben so den Darm und Genitalapparat vollständig. Bei manchen Arten, wie z. B. Ciconia alba, liegen die Bauchluftsäcke fast ausschließlich über den Baucheingeweiden und erreichen die Ventralwand der Bauchhöhle nicht.

Im Bereiche der Beckenwirbelsäule bilden die abdominalen Säcke eine Anzahl von Ausbuchtungen, welche, am lateralen Rand der Nieren vorbei, zwischen den Querfortsätzen hindurchtreten und sich dorsal von den Nieren in den großen, von den Ossa ilei und dem Os sacrum gebildeten Knochenhöhlen ausbreiten. Die in diesen Vertiefungen gelegenen Nervengeflechte liegen außerhalb der so gebildeten Luftsäcke.

Früher hat man diese Exkavationen als besondere Säcke, réservoirs suprarénales, beschrieben (vgl. Fig. 8 *Spr.S*).

Von ihnen aus treten zahlreiche Fortsätze in das Innere der Lumbal- und Sacralwirbel ein, eben so in die Beckenknochen und das Steißbein mit Ausnahme des letzten Steißwirbels.

Ein weiterer Fortsatz dieser Luftsäcke tritt durch das Foramen obturatorium hindurch mit den Nerven und Gefäßen der hinteren Extremität nach außen und schwillt zwischen dem Caput femoris und dem Os ilium zu einem kleinen Luftsack an, der, bedeckt von den Muskeln dieser Region, das Hüftgelenk von allen Seiten umgiebt und bei Vögeln mit pneumatischem Femur (Raubvögel, Struthionen etc.) in das Innere dieses Knochens sich fortsetzt (vgl. *Hp* in Fig. 3a). Das betreffende Foramen pneumaticum ist weit und liegt auf der Innenfläche unmittelbar unter dem Kopf des Oberschenkels.

Beim Kasuar fand ich an Stelle der abdominalen Luftsäcke zwei Säcke von im Vergleich zu denen anderer Vögel sehr geringem Umfang. Dieselben schließen sich unmittelbar an das thorako-abdominale Septum an und bilden einen losen Überzug über die Ventralfläche der Nieren. Verbindungsöffnungen mit Bronchien aufzufinden, gelang mir nicht, obgleich die Orificien der übrigen Luftsäcke hier so weit sind, dass ein Finger bequem in dieselben eingeführt werden kann.

Nach den Untersuchungen PERRAULT's (16), SAPPEY's (50) und Anderer finden sich nun die gleichen Verhältnisse auch bei den übrigen Ratiten. Von den genannten Autoren wurde auch darauf hingewiesen, dass diese Säcke mit Bronchien unmittelbar nicht in Verbindung stehen, vielmehr durch eine am Winkel des Hüftbeins gelegene Öffnung mit dem vertebralen Divertikel (der Rückenwirbel) der cervicalen Säcke kommuniciren. Diese Offnung hatte ich ebenfalls wahrgenommen, aber für die Ursprungsstelle eines suprarenalen Fortsatzes dieses Sackes gehalten. Der letztere wäre somit als eine Ausstülpung des cervicalen Sackes aufzufassen und würden abdominale Säcke dem Kasuar und eben so den anderen Ratiten fehlen.

Die Membran der abdominalen Säcke ist außerordentlich zart und vollkommen durchsichtig, dabei aber sehr elastisch und dehnbar.

Es sei noch erwähnt, dass diese Luftsäcke ohne Anwendung einer Füllungsmasse zwischen den Baucheingeweiden kaum aufzufinden sind und erst sichtbar werden, wenn man Luft in die Trachea einbläst. Eben so vermisst man dieselben, wenn man einem lebenden Vogel die Bauchhöhle öffnet und erst, wenn die Athmung irgend wie erschwert ist, treten sie zu beiden Seiten der Kloake als unregelmäßige bläuliche Blasen hervor. Man ist daher leicht geneigt anzunehmen, dass diese Säcke bei ruhiger Athmung, wie sie in tiefer Narkose ausgeführt wird, oder in todten Thieren gar keine Luft enthalten. Dem ist aber nicht so; es findet vielmehr bei der Athmung, wie ich im physiologischen Theil zeigen werde, in diesem Sack gerade so ein regelmäßiger Luftwechsel statt, wie in den übrigen Luftsäcken. Der Grund, wesshalb man unter gewöhnlichen Umständen diese Säcke nicht wahrnimmt, ist außer in der Zartheit und vollkommenen Durchsichtigkeit der Membran darin zu suchen, dass die Thiere stets in der Rückenlage untersucht werden, wobei die abdominalen Säcke durch das Gedärm komprimirt werden.

In den vorstehenden Kapiteln wollte ich eine allgemeine Übersicht über die Morphologie der Luftsäcke geben. Die darin niedergelegten Befunde beziehen sich der Hauptsache nach auf die von mir besonders gründlich untersuchten Thiere: Tauben, verschiedene Rabenvögel und die bei uns heimischen Raubvögel.

Von diesen wohl allgemein gültigen Verhältnissen kommen, wie man schon bei der Untersuchung eines relativ beschränkten Materials erkennt, bei den verschiedenen Vogelgruppen zahlreiche Abweichungen in der Gestalt und im Volumen, der Anordnung und selbst der Zahl, ganz besonders aber bezüglich der sekundären Ausstülpungen und Fortsätze der Luftsäcke vor.

Die Gestalt der einzelnen Luftsäcke ist recht veränderlich, weil in erster Linie abhängig von der Gestaltung der benachbarten Organe. Abweichungen in der Lagerung der verschiedenen Luftsäcke zu einander kommen besonders im Bereich der diaphragmatischen Säcke vor, in so fern dieselben häufig bis in die Bauchhöhle, ja selbst in die Beckenhöhle hineinragen. Bei vielen Sperlingsvögeln sind die vorderen und hinteren diaphragmatischen Säcke jeder Seite zu je einem Sack verschmolzen, so dass diese Vögel eigentlich nur sieben Luftsäcke hätten, während bei Ciconia alba zwischen hinterem diaphragmatischen Sack und abdominalen Sack sich jederseits ein kleiner Luftsack mit besonderer Bronchialöffnung einschiebt. Bei den Vulturinen bleiben nach OWEN (44) die clavicularen Säcke dauernd getrennt und dergl. mehr.

Es war mir bei dem beschränkten Materiale, das mir zur Verfügung stand, nicht möglich, auf die morphologischen Verschiedenheiten, wie sie sich in den verschiedenen ornithologischen Gruppen darbieten, näher einzugehen.

Zum Studium der vergleichenden Anatomie fraglichen Apparates verweise ich auf die Arbeit von GEORGES ROCHÉ (49). Wir ersehen daraus, dass alle Vögel, gleichviel ob Carinaten oder Ratiten mit Luftsäcken ausgestattet sind, und dass diese Säcke im Vergleich zu den übrigen Organen des Körpers unverhältnismäßige Größe zeigen. ROCHÉ vertritt die Ansicht, dass der pneumatische Apparat der verschiedenen Ordnungen und Familien einerseits so tiefgreifende und konstante anatomische Unterschiede, andererseits wieder bei verwandten Gruppen so typische Homologien erkennen lasse, dass dieselben eben so gut bei der Klassifikation der Vögel zu Hilfe genommen werden könnten, wie verschiedene andere innere Organe und vor Allem auch das Gefieder.

Ich bin aus vorhin erwähnten Gründen nicht im Stande, mir ein Urtheil darüber zu bilden, wie weit diese Annahmen ROCHÉ's berechtigt sind. Jedenfalls ist aber aus seiner Arbeit ersichtlich, dass thatsächlich große morphologische Verschiedenheiten in dem besprochenen Apparate bestehen, und dass man nicht ohne Weiteres die anatomischen Verhältnisse, welche man bei der Ente und dem Huhn findet, verallgemeinern, d. h. auf alle Vögel ausdehnen und physiologisch verwerthen darf, wie dies von Seiten SAPPEY's 50, und CAMPANA's (11 geschah. Auf diesen Umstand hat schon STRASSER (51 aufmerksam gemacht. Ich werde auf die wichtigen Folgen dieser Thatsache im physiologischen Theil näher eingehen.

Wenn ich nun auf die Frage, ob und wie weit sich der pneumatische Apparat der Vögel für die Systematik verwerthen ließe, offen lassen muss, so stimme ich doch darin mit ROCHÉ (49) vollkommen überein, dass die biologischen Verhältnisse und in erster Linie das Flugvermögen einen großen Einfluss auf die Entwicklung der Luftsäcke ausüben.

Bei allen guten und insbesondere den großen guten Fliegern, gleichviel welcher Ordnung und Familie sie angehören mögen, sind die Luftsäcke und deren sekundäre intermuskuläre Ausstülpungen, sowie die Pneumaticität des Skelettes übereinstimmend viel stärker ausgebildet als bei Vögeln mit geringem Flugvermögen. So zeigen bei flugtüchtigen Raubvögeln die sog. axillaren und subpektoralen Säcke eine geradezu mächtige Entfaltung im Vergleich zu schlechten Fliegern der gleichen Ordnung, und die guten Flieger der allerverschiedensten Ordnungen lassen in dieser Beziehung durchaus analoge Einrichtungen erkennen.

Meiner Ansicht nach springen diese Unterschiede bez. Übereinstimmungen entschieden viel mehr ins Auge, als jene, welche die Verwandtschaft der verschiedenen Gruppen deren pneumatischen Apparat aufprägt. Der Gebrauch oder Nichtgebrauch dieser Organe war sicher in erster Linie für dessen Ausbildung maßgebend. Der gesteigerte Luftdruck bedingt durch die rasche Vorwärtsbewegung beim Fluge im Laufe der Zeit eine Erweiterung der Luftsäcke.

f. Subcutane Pneumaticität.

Eine ziemliche Anzahl von Vogelarten, worunter allerdings kaum eine unserer einheimischen, ist vor den übrigen durch ganz besondere und zugleich äußerst merkwürdige Einrichtungen, durch sog. subcutane Pneumaticität ausgezeichnet.

Nachdem schon vor zwei Jahrhunderten Méry (36) (1672), dann Hunter (26) (1772), Schneider (1804) und später Owen (44) nebst Anderen darauf hingewiesen hatten, dass beim Pelikan und einigen anderen Vögeln große Luftansammlungen zwischen Haut und Muskulatur vorhanden seien und man die Richtigkeit dieser Angaben allgemein bezweifelt hatte oder den Luftgehalt der Subcutis auf pathologische Processe zurückführen zu müssen glaubte, hat Milne Edwards (38, 39, 40) im Jahre 1865 eingehende Untersuchungen über diese Frage angestellt und unwiderleglich bewiesen, dass die Beobachtungen genannter Forscher durchaus richtig seien. Zugleich bewies er, dass jene Lufträume mit den Lungen und den Luftsäcken in direktem Zusammenhange stünden, indem es ihm leicht gelang, dieselben von der Trachea aus und umgekehrt die Luftsäcke des Körpers durch Öffnungen, die er in der Haut anbrachte, mit Luft zu füllen.

In der Folge wurde dann die Gegenwart von Luft unter der Haut bei zahlreichen Familien nachgewiesen, so bei allen Palmipeden der hohen See, wie den Pelikanen, Sula, Colymbus und Diomedea, — letztere »ein großer, plumper, aber mit der größten Leichtigkeit fliegender Vogel« —, sodann bei vielen Grallatoren, wie Palamedea, Ciconia, Leptoptilus, Mycteria, Phoenicopterus etc., ferner von den Scansores und hauptsächlich bei Bucerotiden und Tukanen, und auch sonst bei einer Reihe anderer Vögel, vielfach solchen, bei denen, wie beim Pelikan, auch das Skelett in hohem Grade pneumatisch ist.

Es handelt sich bei der subcutanen Pneumaticität um zweierlei im Grunde recht verschiedene Einrichtungen. Das eine Mal um mehr oder weniger umfangreiche subcutane Ausbreitung einzelner Rumpfluftsäcke oder von Luftsäcken, die mit den pneumatischen Höhlen der Schädelknochen kommuniciren, das andere Mal, und diese Form erscheint mir von höchstem Interesse, um einen freien Erguss der Luft in die Maschen des subcutanen und intermuskulären Bindegewebes.

Ich verweise zum Studium dieser Verhältnisse auf die Arbeiten von MILNE EDWARDS 38, 39, 40,, BOULART (10,, ROCHÉ 49) und FANNY BIGNON (9, und will hier beide Formen nur kurz an einigen Beispielen erläutern.

Bei Sula bassana hängt in der ganzen Pectoralgegend und im Bereich der Oberschenkel die Haut kaum mit den Muskeln zusammen. Es haben sich zwischen beide sehr weite, aber wohl abgegrenzte Luftsäcke, Fortsätze der Cervicalsäcke eingeschoben. Ähnliche Luftbehälter finden sich in der ganzen cervicalen Region zu beiden Seiten des Halses; diese kommuniciren jedoch mit den Fossae nasales.

Nach FANNY BIGNON sind derartige subcutane Luftsäcke in der Nackengegend ziemlich häufig. Ich habe solche bloß bei unseren großen Tagraubvögeln, besonders beim Bussard und Habicht, aber in geringer Ausdehnung, gefunden, bei diesen als Fortsetzung der cervicalen Säcke.) Auch Kommunikationen zwischen den cervicalen Säcken und den Lufthöhlen des Kopfes kommen vor.

Als Beispiel für die zweite Form der subcutanen Pneumatisation will ich kurz die Verhältnisse schildern, wie sie MILNE EDWARDS beim Pelikan und R. GERMAIN bei Buceros bicornis beschrieben haben. Schon bei leichtem Betasten dieser Vögel wurde deutliches Knistern sowohl im Gebiete des Rumpfes als auch der Extremitäten wahrgenommen. Nach künstlichem Aufblasen durch die Trachea konnte MILNE EDWARDS aus dem Körper eines Pelikans $10^{1}/_{2}$ Liter Luft auspressen, wobei selbstverständlich noch eine Menge Luft in den Luftsäcken zurückblieb. Die Luft gelangt von den Lungen in die cervicalen Luftsäcke und von da durch besondere Öffnungen frei in die Maschen des intermusculären und subcutanen Zellgewebes.

Ganz analoge Verhältnisse fand GERMAIN bei Buceros bicornis. Hier ist das subcutane Bindegewebe bis in die Spitzen der Flügel und in die Enden der Phalangen des Fußes lufthaltig. Die Haut liegt dem Körper bloß am Kopf und Schwanz an und ist durch mediane Scheidewände mit dem Rücken und der Brust verbunden. Auch zwischen den einzelnen Muskeln des Sternums und der Extremitäten befindet sich Luft. Der Körper ist also geradezu in Luft »gebadet« und bietet nach Abnahme der Haut das Bild des schönsten anatomischen Präparates. Muskeln, Gefäße und Nerven sind vollkommen isolirt, von Luft umspült (GERMAIN).

Diese Vögel wären somit, wie sich MILNE EDWARDS ausdrückt, in normalem Zustande aufgeblasen wie die Kadaver unserer Schlachtthiere, denen man das Zellgewebe künstlich aufbläst, um dem Fleische ein schöneres Aussehen zu verleihen. Vielleicht ließen sich diese Einrichtungen treffender mit einem Zustande vergleichen, der pathologisch zuweilen bei Säugern auftritt, dem sog. Hautemphysem.

Ich bemerke hierzu, dass in der Rumpfhöhle der Vögel überhaupt die Luftsäcke und deren Ausstülpungen das lockere Bindegewebe vielfach vertreten und also die größeren Gefäße und Nerven auch auf ihrem Wege nach der

Peripherie wie in der Achsel- und Leistengegend umhüllen. In Folge dessen heben sich dieselben vollkommen frei, wie präparirt, von der Umgebung ab. Besonders schön zeigt sich dies im Bereich der Wirbelsäule, wo man die Rückenmarksnerven mit ihren beiden Wurzeln und dem Intervertebralganglion ohne Weiteres klar übersehen kann.

Niemals aber kommt hier, worauf ich früher schon hingewiesen habe, die Luft mit den Geweben unmittelbar in Berührung, sondern ist immer durch die allerdings oft äußerst zarten und vollkommen durchsichtigen Membranen von ihnen geschieden. Ob nicht auch beim Pelikan, Buceros und anderen die subcutanen Lufträume von einer solchen Membran begrenzt sind?

g. Ausbreitung der Luftsäcke im Bereich des Skelettes.

Dass auch die Hohlräume der Knochen mittels der Luftsäcke mit den Bronchien in Verbindung stehen, wurde schon im vorigen Jahrhundert von JOHN HUNTER (56) und CAMPER (56) entdeckt.

Diese Verbindung kommt dadurch zu Stande, dass, worauf ich schon bei der Beschreibung der einzelnen Luftsäcke hingewiesen habe, besondere Fortsätze der letzteren durch die sog. Foramina pneumatica in die Hohlräume der Knochen eintreten und sich hier ausbreiten, wobei in Röhrenknochen das Mark atrophirt und resorbirt wird.

Der Eintritt der Luftsäcke in die Knochen erfolgt erst längere Zeit nach dem Ausschlüpfen des jungen Vogels, nämlich dann, wenn die Knochen ihre bleibende Größe erreicht haben und das Knochenmark seine Bedeutung für die Knochenbildung verloren hat. Vor dieser Zeit fehlen die Foramina pneumatica vollkommen.

Diese Thatsache bestätigt die Annahme WILDERMUTH's (58), dass die Durchbohrung der Compacta an der Stelle des späteren Porus pneumaticus durch aktives Vordringen und Wuchern der fibrillären Substanz der Luftsackmembran eingeleitet werde, wogegen STRASSER (54) die Entstehung fraglicher Öffnungen nicht als Ergebnis einer aktiven Einwirkung des Luftsackes auf die Compacta betrachtet.

Anm. Bei jungen, aber flüggen Bussarden und einer Reihe anderer Vögel fand ich das Sternum größtentheils knorpelig; die Röhrenknochen waren alle noch markhaltig und von Luftlöchern noch keine Spur vorhanden.

Außer dem Knochenmark kommt beim Pneumatisationsvorgange auch ein großer Theil der Spongiosa und der inneren Schichten der Corticalis zum Schwinden. In Folge dessen erscheinen pneumatische Knochen mit markhaltigen verglichen sehr dünnwandig, sind aber äußerst dicht und spröde. Ihre Innenfläche ist nahezu glatt und die Spongiosa fast ausschließlich auf die proximalen Epiphysen beschränkt.

Die pneumatische Membran kleidet die Knochenhöhle ähnlich wie ein Periost vollkommen aus und geht auf die Knochenbalken der Spongiosa über. Sie ist noch feiner als die übrige Membran der Luftsäcke, ziemlich innig mit dem Knochen verbunden und lässt sich daher nur in kleinen Fetzen abziehen.

Die Ausbreitung der Knochenpneumaticität ist je nach den Arten sehr verschieden. Sie erreicht ihr Maximum bei Buceros und Palamedea, wo sämmtliche Knochen des Skelettes luftbaltig sind; diesen folgen Pelecanus, Sula, Tachypetes und Andere, bei denen nur die Phalangen des Fußes Mark enthalten. Allein diese Fälle müssen immerhin als Ausnahmen von der Regel betrachtet werden. Für gewöhnlich sind pneumatisch, abgesehen von den Kopfknochen, deren Höhlen nicht mit den Luftsäcken kommunniciren: der größte Theil der Wirbelsäule, Rippen, Sternum und Becken, Coracoid und Humerus, zuweilen auch Clavicula und Scapula, dessgleichen kommt bei Tagraubvögeln und großen Stelzvögeln der Oberschenkelknochen dazu.

Die kleinen Singvögel sollen nur einen geringen Grad von Knochenpneumaticität aufweisen. Ich fand aber bei allen ausgewachsenen Exemplaren, die ich zu untersuchen Gelegenheit hatte, den Humerus pneumatisch. Bei kleinen und bei solchen Schwimmvögeln, die wenig oder gar nicht fliegen, dringen die Luftsäcke nicht in die Knochen der Gliedmaßen ein und in die Knochen des Rumpfskelettes bloß in beschränktem Maße. Bei den Struthionen ist der Humerus nicht, dagegen das Femur lufthaltig. Außerdem befinden sich Lufthöhlen im Becken, der Wirbelsäule, dem Coracoid und Sternum, jedoch sind diese Skelettstücke viel substanzreicher als die pneumatischen Knochen anderer Vögel. Endlich ist bei Apteryx und beim Pinguin kein Knochen pneumatisch.

Nach STRASSER ist die Lufthaltigkeit der Knochen am ausgedehntesten bei großen, gut fliegenden Vögeln. Unter den bei uns heimischen Vögeln stehen in dieser Beziehung die Raubvögel weit oben an.

Im Folgenden will ich nochmals kurz zusammenstellen, von welchen Luftsäcken die verschiedenen Knochen mit Luft versorgt werden: Von den cervicalen Säcken: Hals- und Rückenwirbel, sowie Vertebralrippen; von dem clavicularen Sack: Clavicula, Coracoid, Scapula, Sternum und Sternalrippen, die pneumatischen Knochen der vorderen Extremitäten, letztere von der axillaren Ausstülpung dieses Sackes; von den abdominalen Säcken: Beckenknochen, Lenden-

und Kreuzwirbel und pneumatische Knochen der hinteren Extremitäten.

h. Bau der Luftsäcke.

Technik. Besonders eingehend wurde die histologische Struktur der Luftsäcke und deren Kapillarsystem untersucht. Zum Studium des letzteren wurden zahlreiche Gefäßinjektionen ausgeführt. Unter verschiedenen Hauptgefäßstämmen, von denen aus Injektionen versucht wurden, erwiesen sich die Jugularvenen für das venöse System und insbesondere für den Lungenkreislauf, und die Carotiden für das arterielle System und den Körperkreislauf als die zweckmäßigsten, weil dieselben leicht und ohne besondere Präparation erreicht werden können, während man zum Herz selbst nicht ohne Zerstörung der thorakalen und clavicularen Luftsäcke gelangen kann. Auch verursacht das Einführen und Befestigen der Kanüle bei den genannten Gefäßstämmen viel weniger Schwierigkeiten als beim Herzen selbst.

Als Injektionsmassen wurden Gelatine-Karminlösung, Gelatine mit Berliner Blau (RANVIER), beide in möglichster Verdünnung, und eine Mischung von Berliner Blaulösung mit Glycerin verwendet. Die Thiere wurden nach vorheriger Betäubung durch Halsschnitt getödtet und entweder lebenswarm vor Eintritt der Todtenstarre, oder besser nach deren Lösung injicirt. Auf diese Weise können die Kapillarsysteme, besonders aber die Lungenkapillaren, schön zur Anschauung gebracht werden. Das in Fig. 1 naturgetreu wiedergegebene Präparat wurde mittels dieses Verfahrens erhalten. Sollte der Unterschied zwischen arteriellem und venösem System zum Ausdruck gebracht werden, so wurden Doppelinjektionen gemacht.

Zur Sichtbarmachung der Epithelien und der übrigen Gewebsbestandtheile der pneumatischen Membran wurde das Versilberungsverfahren und Hämatoxylinfärbung, sowie Maceration in Kalilauge zur Anwendung gebracht.

So weit die Wandungen der Luftsäcke nicht mit ihrer Umgebung verwachsen, also eine freie Oberfläche besitzen, sind sie aus zwei Blättern zusammengesetzt und zwar

1) aus einem inneren, dem Cavum des Sackes zugewendeten Blatt, dem eigentlichen Grundgewebe mit dem Epithel und

2) einem äußeren serösen Überzug mit der Endothelbekleidung der serösen Höhlen.

Beide Blätter sind äußerst dünn und verschmelzen so vollständig mit einander, dass sie auch mit Hilfe des Mikroskops nicht mehr als besondere Blätter wahrgenommen werden. Die Existenz eines serösen Überzugs kann bloß an Stellen festgestellt werden, wo die Serosa den Luftsack verlässt und sich auf ein benachbartes Organ überschlägt, wie dies z. B. an der Ventralfläche der Nieren geschieht. Ich habe dies besonders deutlich beim Kasuar wahrgenommen.

Epithel und Endothel können leicht an einem und demselben

Präparat untersucht werden, indem das eine oder das andere deutlich wird, je nachdem man hoch oder tief einstellt.

Die Endothelien der Außenfläche erscheinen nach Silberbehandlung durchsichtig und fast homogen oder feinkörnig. Der Kern wird bei dieser Behandlung nicht deutlich. Die intercelluläre Kittsubstanz stellt ein zierliches Netzwerk dar, dessen einzelne Linien tief schwarz und fein geschlängelt erscheinen. Die sog. Stomata sind nicht selten.

Die Membrana propria besteht in der Hauptsache aus groben, leicht gewellten Bindegewebsfibrillen von bedeutender Länge. Dieselben sind zu dichten, reichen Bündeln zusammengelagert, die sich in allen Richtungen durchkreuzen, wobei aber eine gewisse Regelmäßigkeit nicht zu verkennen ist. Bindegewebszellen habe ich äußerst selten gesehen. Nach längerer Maceration in Kalilauge werden auch vereinzelte elastische Elemente in Form sehr langer, spiralig gewundener Fasern sichtbar.

Eine für die Mechanik der Athmung nicht unwichtige Frage ist die, ob die Wandungen der Luftsäcke Muskelfasern enthalten.

Leydig sagt hierüber, ihm däuche es, glatte Muskeln in ihrer Wand gesehen zu haben. Nach Eberth (17 »finden sich quergestreifte Muskeln im Allgemeinen sehr zahlreich, aber von wechselnder Ausbreitung. Die Hauptfundorte für dieselben sind die Ansatzstellen der Säcke und ihre Verbindungen mit den Bronchien«; hier erkennt man sie in Form »zahlreicher, ringförmig oder schräg oder radiär geordneter Muskelfasern«. Nach allgemeiner Angabe enthält auch der zwischen den Gabelästen der Furcula gelegene Abschnitt des clavicularen Sackes bei Raubvögeln eine ziemlich starke Lage quergestreifter Muskulatur.

Bei meinen Untersuchungen habe ich in der Membrana propria selbst niemals Einlagerungen von Muskulatur wahrgenommen. Die in Frage kommenden Muskeln sind zwar vorhanden, gehören aber nicht der Luftsackmembran an, sondern benachbarten Muskeln, von denen Fasern auf die Luftsackoberfläche ausstrahlen, um dann gewöhnlich in feine Aponeurosen überzugehen, die ihrerseits mit der Wand der Säcke verschmelzen. Man kann dies sehr deutlich am axillaren Sack der Taube verfolgen, auf dessen lateraler Wand, vom ventralen Rand der Scapula entspringend, eine Reihe von Muskelfasern ausstrahlen und sich, aponeurotisch geworden, mit dieser verbinden. An den Verbindungsstellen der Luftsäcke mit den Bronchien sind es Fasern der sog. Perrault'schen Lungenmuskeln, welche auf den Anfangstheil der Luftsäcke sich fortsetzen und diese in der von Eberth geschilderten Weise umlagern.

Es wäre auch gar nicht zu erklären, wie in einer so zarten Membran, wie sie die Wandungen der Luftsäcke durchweg darstellen, und der eine aktive Thätigkeit gar nicht zukommt, quergestreifte Muskulatur auftreten sollte. Für die Richtigkeit meiner Ansicht spricht ferner der Umstand, dass solche Muskeln bloß da zu finden sind, wo sich die Luftsäcke mit der Nachbarschaft verbinden.

Was die allerdings unbestimmten Angaben Leydig's bezüglich der glatten Muskeln betrifft, so nimmt man in der medialen Wand der diaphragmatischen Säcke — aber auch nur in dieser — regelmäßig zahlreiche, in einer Ebene gelegene in paralleler Richtung mit einander verbundene glatte Muskelzellen wahr; man erkennt sie nach Hämatoxylin- oder Pikrokarminfärbung leicht an ihren stäbchenförmigen Kernen. Allein auch sie sind nicht dem Grundgewebe der Luftsäcke zuzuzählen, sondern den abdominalen Diaphragmen, mit denen die betreffende Wand der Säcke so innig verschmilzt, dass beide in scheinbar eine Membran aufgehen. Auf diese Muskelzellen habe ich bereits bei Beschreibung der Zwerchfelle hingewiesen.

Bevor ich zu dem Gefäßsysteme der Luftsäcke, dessen Erläuterung eigentlich hierher gehört hätte, übergehe, will ich noch das Nähere über das Epithel derselben mittheilen.

Nach Valentin und Purkinje tragen die Luftsäcke ein Flimmerepithel. Diese Angabe hat Leydig dahin korrigirt, das Epithel sei nur stellenweise ein flimmerndes, und zwar in jenen den Luftlöchern der Lungen zunächst liegenden Partien, außerdem cilienlose Plattenzellen (Eberth). Stricker, Eberth (17) und Andere beschreiben dasselbe als sehr zarte Plattenepithelien, deren Kerne häufig schwer nachweisbar sind. Diese Ansicht wird im Allgemeinen auch in den neuesten Arbeiten vertreten.

Sollen die Epithelien schön zur Darstellung gebracht werden, so wird die Membran dem eben durch Dekapitation getödteten Thiere rasch aber vorsichtig entnommen, ohne abzuspülen in halbprocentige Silbernitratlösung übertragen, in dieser möglichst ausgebreitet und dann nach dem bekannten Verfahren weiter versilbert[1].

Ist die Versilberung gelungen, so ergiebt sich Folgendes (vgl. Fig. 2): Die (innere) Epithelbekleidung der Luftsäcke besteht zum größeren Theil aus einer einfachen Lage zarter aber verhältnismäßig großer platter Zellen. Dieselben sind von unregelmäßig vier- bis sechseckiger Gestalt mit feinen, durchaus geradlinigen, häufig zer-

---

[1] Man lässt das Thier am besten verbluten, da sonst die Luftsackmembran bei Eröffnung der Bauchhöhle mit Blut beschmutzt wird und abgespült werden muss.

klüftet erscheinenden Begrenzungslinien (Zwischenkittsubstanz). Der größte Durchmesser dieser Zellen beträgt 26—38 μ. Der Zellinhalt erscheint homogen oder höchstens feinkörnig getrübt. Ein Zellkern ist in den meisten dieser Zellen nicht nachweisbar, zuweilen aber — in der Umgebung der unten beschriebenen Zellgruppen — blass angedeutet. An einer Stelle wollte es mir scheinen, wie wenn eine große derartige Platte durch zwei feingestrichelte (---- schiefwinkelig gekreuzte Linien in vier Theile getheilt wäre, von denen jeder mit einem matten, nahe an der Kreuzungsstelle gelegenen Kern versehen war (Fig. 2). Ich bemerke aber, dass ich bei der großen Anzahl von untersuchten Präparaten eine solche Anordnung nur ein einziges Mal gesehen habe.

Zwischen diesen großen Platten liegen nun Zellen scheinbar ganz anderer Natur. Selten einzeln, meist in Gruppen von drei bis neun Stück zusammengelagert, stets aber im Vergleich zu den anderen Zellen in bedeutender Minderzahl vorhanden, fallen sie schon beim ersten Anblick durch ihre starke Braunfärbung, den granulirten Inhalt und einen deutlichen Kern auf.

Sie sind nur etwa die Hälfte, vielfach aber bloß ein Drittel so groß wie die übrigen Epithelzellen, von der Fläche gesehen anscheinend von kugeliger oder eiförmiger Gestalt, zuweilen auch an der Peripherie größerer Gruppen mehreckig, d. h. kubisch oder platt, und im letzteren Falle von etwas hellerer Farbe. Der blasige Kern zeigt drei bis vier deutliche Kernkörperchen und nimmt immer etwa die Hälfte des ganzen Zellleibes ein. Begrenzt sind diese Zellen von einem breiten Ring dunkler Kittsubstanz. Auf Querschnitten zeigen die (in der Flächenansicht) scheinbar kugeligen oder eiförmigen Zellen die Gestalt kurzer dicker Spindeln.

Präparate, die mit Hämatoxylin gefärbt sind, geben in so fern ein etwas verändertes Bild, als man bei ihnen auch in den großen platten Zellen fast regelmäßig einen runden, ovalen, seltener nierenförmigen Kern wahrnimmt, der aber immer relativ klein ist; hierdurch tritt der Unterschied zwischen beiden Zellarten weniger deutlich hervor.

Diese kleineren Zellen sind bis jetzt in der Membran der eigentlichen Luftsäcke noch nicht nachgewiesen worden; hingegen fanden WILDERMUTH (58) und nach ihm FICALBI (20) in der Epithelauskleidung des intrahumeralen Fortsatzes der axillaren Säcke unter den gewöhnlichen Plattenepithelien Zellen, die offenbar mit den von mir beschriebenen identisch sind.

Wildermuth sagt an betreffender Stelle: »Ein eigenthümliches und, wie mir scheint, namentlich bei jüngeren Thieren vorkommendes Bild besteht darin, dass eine um die Hälfte oder ein Drittel kleinere Zelle radienförmig von großen Zellen umlagert wird. Die kleinen Zellen unterscheiden sich von den größeren auch noch durch einen braunen Ton, den sie bei der Silberbehandlung annehmen«.

In ganz ähnlicher Weise spricht sich Ficalbi aus.

Während Ficalbi sich die Bedeutung dieser Zellen nicht erklären kann, betrachtet sie Wildermuth als Schaltzellen, welche bei ihrem weiteren Wachsthum die sie umgebenden Zellen aus einander treiben und so zur Vergrößerung der Oberfläche beitragen sollen.

Da ich in den Hauptabschnitten der Luftsäcke in der Regel größere Gruppen solcher Zellen beobachtet habe, und sich an der Peripherie dieser Gruppen häufig abgeplattete Elemente, also Übergänge zu den gewöhnlichen Epithelien auch Wildermuth hat solche Übergänge gesehen) finden, so dürften dieselben als Wachsthumsbez. Ergänzungscentren betrachtet werden und ihnen die Aufgabe zuzusprechen sein, durch ihre Vermehrung und nachheriges Flächenwachsthum das nöthige Material zur Vergrößerung der Oberfläche oder zum Ersatz verloren gegangener Zellen zu liefern. Dabei wäre nicht ausgeschlossen, ja scheint mir sehr wahrscheinlich, dass, wie Kölliker für das Alveolarepithel der Menschenlungen annimmt, die großen Platten durch Verschmelzung mehrerer kleiner Zellen entstehen.

Jedenfalls stehen die großen Plattenepithelien mit den kleineren, eiweißreichen, jugendlichen Zellen in genetischem Zusammenhang.

i. Blutgefäßsystem der Luftsäcke.

Wenn man auf der einen Seite das geringe Volumen der Vogellunge und die im Verhältnis dazu enorme Ausdehnung der Luftsäcke, auf der anderen Seite den lebhaften Stoffwechsel, die hohe Bluttemperatur und große Leistungsfähigkeit und das daraus entspringende hohe Sauerstoffbedürfnis des Vogelorganismus in Betracht zieht, so drängt sich uns die Vermuthung auf, dass die Luftsäcke, Zwecks Erweiterung der Berührungsfläche zwischen Luft und Blut, eben so wie die Lungen mit reichen Kapillargefäßnetzen der Arteria pulmonalis oder anderer Venenstämme ausgestattet seien und somit als accessorische Organe für die Hämatose aufgefasst werden müssen.

Allein die anatomische Untersuchung bestätigt diese so nahe liegende Vermuthung nicht; sie lehrt uns — und das gilt eben so für gute wie für schlechte Flieger und Laufvögel — dass die Wandungen der Luftsäcke, wenigstens in ihren Hauptabschnitten, geradezu gefäßarm sind.

Es sind nur wenige und verhältnismäßig schwache Äste des Aortensystems, welche von der Nachbarschaft auf sie übertreten, sich in langgestrecktem Verlauf in den Luftsäcken verbreiten und deren Verzweigungen ohne Bildung umfangreicher Kapillarnetze in Ästen der Vena cava sich sammeln. Arterie und Vene verlaufen meist neben einander, zuweilen wird die Arterie beiderseits von einer Vene begleitet.

So werden, um kurz auf Einzelheiten einzugehen, die claviculären Säcke von den Rami musculares und cutanei der Carotiden aus mit Blutgefäßen versorgt; ihre Venen münden auf indirektem Wege in die Jugularvenen. Die extrathorakalen Fortsätze dieser Säcke erhalten Zweige von der Arteria thoracica externa und axillaris, die Venen ergießen sich in die Vena axillaris und pectoralis externa.

Die Gefäße der thorakalen Säcke sind sehr leicht aufzufinden. Sie verlaufen zwischen deren medialer Wand und dem abdominalen Zwerchfell und entstammen der Arteria sternalis und thoracica interna. Wahrscheinlich erhält die laterale Wand dieser Säcke auch Blut aus den Intercostalarterien.

Am schwierigsten sind die Blutgefäße in den großen abdominalen Säcken nachzuweisen. Man kann große Stücke ihrer Membran untersuchen, ohne auch nur auf eine Kapillare zu stoßen; in dem mit der Beckenwandung verbundenen Theile derselben sind Gefäße etwas häufiger. Ihren Ursprung konnte ich zwar nicht sicher nachweisen, ich glaube aber mit der Annahme nicht fehl zu gehen, dass es kleine Zweige der Arteria pelvica interna sind, welche sie versorgen.

Eine unmittelbare Kommunikation zwischen dem Gefäßsystem der Lungen und dem der Luftsäcke, die ja leicht an den Ursprungsstellen der letzteren nachweisbar sein müsste, besteht nicht.

Außer an Injektionspräparaten kann man die Gefäße der Luftsäcke an lebenden Thieren wahrnehmen, wo sie sich durch ihre rothe Farbe von der durchscheinenden Membran abheben. Die Kapillaren werden auch durch Versilberung sichtbar.

Wenn nun auch ziemlich bestimmt angenommen werden darf, dass das Blut auf seinem Weg durch die Gefäße der Luftsäcke einen Verlust an Sauerstoff nicht erleidet, weil ja ein wirkliches Hindernis dem Einwirken der Luft auf das Blut bei dessen Durchgang durch die Kapillaren kaum im Wege steht, so kann selbstverständlich das Gefäßsystem der Luftsäcke doch nicht als ein respiratorisches betrachtet werden; es handelt sich hier vielmehr bloß um ernährende Gefäßzweige, wie sie jeder Theil des Körpers mehr oder weniger reich enthält.

Im Gegensatz zu den Hauptabschnitten der Luftsäcke fand ich in der auskleidenden Membran der pneumatischen Knochenhöhlen regelmäßig ziemlich dichtmaschige Netze wirklicher Kapillaren. Sie bilden einen nicht unbeträchtlichen Bestandtheil der hier außerordentlich dünnen Membran und sind höchstens durch das zarte Plattenepithel von der Luft geschieden. Besonders reichlich sind sie in der schwammigen Diploe vorhanden.

Diese Kapillarnetze hat bereits Wildermuth (auf dessen Arbeit ich aber erst nach Abschluss meiner Untersuchungen aufmerksam wurde) im Humerus der Taube und des Huhnes nachgewiesen. Meine Untersuchungen erstrecken sich zwar auch bloß auf große Knochen, wie den Humerus, das Femur, Coracoid und Sternum, doch lässt sich wohl annehmen, dass das gleiche auch für die übrigen pneumatischen Knochen zutrifft.

Wildermuth nimmt an, dass diese Kapillaren fast durchaus in einer Ebene gelegen seien. Ich habe dies nicht bestätigt gefunden und glaube, dass dieselben mit den Gefäßen der Havers'schen Kanäle und somit durch die Vermittelung dieser auch mit den Gefäßen des Periostes kommuniciren.

Auch das Kapillarsystem der pneumatischen Membran ist arteriellen Ursprungs, und zwar wird ihm das Blut auf mehreren Wegen zugeführt; einmal durch Gefäße, welche mit dem Luftsack durch die Foramina pneumatica eintreten, sodann durch die ernährenden Arterienzweige des betreffenden Knochens. Zwischen beiden bestehen vielfache Anastomosen. Die Venen verlassen die Knochenhöhlen auf dem gleichen Wege, auf dem die Arterien eintreten, und münden in benachbarte Körpervenen.

Im Folgenden will ich, wie oben für die Luftsäcke, auch für die einzelnen pneumatischen Knochen die zuführenden Gefäße kurz namhaft machen:

Die Halswirbel erhalten je zwei Zweige, einen dorsalen und einen ventralen von der Arteria vertebralis ascendens, bei ihrer weiteren Verästelung treten dieselben auch in den Rückenmarkskanal ein. In der gleichen Weise werden der erste bis sechste Brustwirbel von der Arteria vertebralis descendens mit Blutgefäßen versorgt, während Lenden- und Sacralwirbel von der Arteria lumbalis versehen werden. Der Humerus erhält sein Blut von zwei Ästen der Arteria axillaris, nämlich der Arteria circumflexa humeri anterior und posterior, letztere wieder ein Ast der Arteria profunda brachii. Die erstere sendet einen Zweig mit den Luftsäcken ins Innere der Knochenhöhle, während von der Circumflexa posterior die eigentliche Arteria nutritiva ihren Ursprung nimmt. Von der letzteren werden auch die Gefäße des Periostes gespeist. Ganz analog wird das Femur von Ästen der Cruralis, der Circumflexa femoris profunda und der Nutritiva femoris versorgt. Das Sternum erhält starke Zweige von der Arteria sternalis, welche durch die auf seiner Innenfläche gelegenen Luftlöcher eintreten, ferner Zweige von der Mammaria interna, welch letztere auch die Sternalrippen versicht. Die Gefäße der Vertebralrippen entstammen den Intercostalarterien, diejenigen des Beckens der Arteria iliaca.

II. Zur Physiologie der Athmung der Vögel.

Obgleich es, wie aus der folgenden kurzen historischen Übersicht zu ersehen ist, an Hypothesen und Theorien über die physiologische Bedeutung der Luftsäcke nicht fehlt, so herrscht doch über diese Frage bis heute noch ziemliche Unklarheit.

Die bisherigen Anschauungen sind mehr spekulativer Natur als experimentell begründet und dabei vielfach auf falschen anatomischen Voraussetzungen aufgebaut.

Historische Übersicht.

Als Entdecker der Luftsäcke ist COITIER 1623 zu nennen. Derselbe wies erstmals auf die Unterschiede zwischen dem Respirationsapparat der Vögel und dem der Säugethiere hin, stellt die Verwachsung der Lungen mit der Brustwand fest — die übrigens schon ARISTOTELES bekannt war — und beschrieb die beiden Zwerchfelle als fibröse Septen.

Die Luftsäcke hält er für lufthaltige seröse Höhlen, deren Bedeutung er sich nicht erklären kann, weil er ihre Verbindung mit den Bronchien nicht erkennt.

Die ersten Mittheilungen über die Athmungsvorgänge bei den Vögeln sind uns von HARVEY (1651 [24]) überkommen. Er sah, dass die Luftsäcke vermittels besonderer Öffnungen mit den Lungen kommuniciren, und dass sich die Luft frei in dieselben ergießt, vergleicht sodann die Luftsäcke mit dem Luftreservoir der Schlangen und schreibt ihnen die Aufgabe zu, die Ventilation der Lungen zu unterstützen.

Nach ihm beschäftigt sich PERRAULT (1666 [46]) in eingehender Weise mit den Respirationsorganen der Vögel und speciell mit ihrer Funktion. Er beschreibt die thorakalen und abdominalen Luftsäcke, die beiden Zwerchfelle und die sog. Lungenmuskeln bei einer Anzahl Strauße und Adler und stellt eine in ihren Grundzügen heute noch geltende Athmungstheorie auf, nach welcher zwischen den vorderen und hinteren Luftsäcken in den verschiedenen Phasen der Athmung ein Antagonismus bestände.

Da ich im Laufe meiner Abhandlungen versuchen werde, diese Theorie als durchaus unzutreffend zu widerlegen, so will ich dieselbe in der Übersetzung hier wiedergeben. PERRAULT drückt sich aus:

»Wenn der Brustkorb durch die Thätigkeit der Muskeln sich erweitert, tritt die Luft in die Lungen, und von diesen aus gleichzeitig in die Luftsäcke ein; man muss aber beachten, dass dies nur für diejenigen Säcke zutrifft, welche von dem Brustkorb umschlossen sind, denn es ist keine Kraft vorhanden, welche eine Erweiterung der Luftsäcke des Bauches bewirken und so der Luft Gelegenheit geben könnte, in diese einzutreten. Dieselben sinken im Gegentheil in sich zusammen und treiben die Luft, welche sie enthalten, nach den Lungen hin. Wird dann durch Verkleinerung des Brustraumes die Luft aus den Brustluftsäcken ausgetrieben, so entweicht ein Theil derselben durch den Kehlkopf nach außen, der andere Theil strömt in die Luftsäcke des Bauches und bringt diese in der gleichen Zeit zum Anschwellen, in der die Luftsäcke der Brust sich entleeren.

Wenn hierauf durch abermalige Dilatation des Thorax dessen Luftsäcke sich wiederum füllen, erhalten sie nicht bloß Luft von außen durch den Kehlkopf, sondern auch aus den Luftsäcken des Bauches, welche in derselben Zeit zusammengedrückt werden, in der sich die vorderen erweitern.«

1672 sprachen sodann MÉRY (36) und PERRAULT die Ansicht aus, dass die Luftsäcke des Bauches die Verdauung beförderten, indem sie durch ihre abwechselnde Erweiterung und Verengerung den Darminhalt besser durchmischten und dessen Weiterbeförderung unterstützten.

Im Jahre 1689 wurde von den Mitgliedern der Akademie der Wissenschaften die Athembewegungen eines lebenden Vogels beobachtet und durch Augenschein festgestellt, dass bei der Inspiration die Brust sich erweitert, das Sternum sich von der Wirbelsäule entfernt und die Rippen aus einander rücken, während der Bauch sich gleichzeitig einzieht, und dass umgekehrt bei der Exspiration das Brustbein sich der Wirbelsäule nähert, die Rippen wieder zusammenrücken und der Bauch sich wieder emporhebt.

Bei der hierauf vorgenommenen Eröffnung der Bauchhöhle nahm man wahr, dass bei der Ausathmung die Bauchsäcke sich mit Luft füllten und die Zwerchfelle sich von den Rippen entfernten. Hiermit sollte der Beweis für die Richtigkeit der PERRAULT'schen Theorie erbracht sein.

Im Februar 1771 machte PETER CAMPER (56) zufällig die damals in der wissenschaftlichen Welt außerordentliches Aufsehen erregende Entdeckung, dass die Knochen der Vögel hohl sind und diese Knochenhöhlen mit den Luftsäcken und den Lungen communiciren.

Die gleiche Entdeckung machte, ohne von derjenigen CAMPER's Kenntnis zu haben, drei Jahre später HUNTER (56). Und nun entstand zwischen Beiden ein lebhafter Streit über die Bedeutung der Knochenpneumaticität. CAMPER war der Meinung, dieselbe bezwecke einzig und allein eine Verminderung des specifischen Gewichtes, wogegen HUNTER die Ansicht vertrat, die Hohlräume der Knochen dienten dem Vogel als Luftreservoire während des Fluggeschäftes.

HUNTER bewies auch durch Experimente, dass ein Vogel nach vollständigem Verschluss der Luftröhre die Athmung durch eine im Oberarm angebrachte Öffnung unterhalten kann.

Die Ansicht Hunter's, dass die Luft in den Luftsäcken und Knochenhöhlen eine chemische Veränderung in ihrer Zusammensetzung nicht erfahre, wurde später von Richard Owen, der Hunter's Schriften mit Anmerkungen versah, bestritten. Owen sucht eine Hauptfunktion dieser Räume in einer förmlichen Respiration, ohne sich darüber auszusprechen, wie diese zu Stande kommen solle, ob durch direkte Einwirkung der Athemluft auf die Gewebe oder durch Vermittelung des Blutes.

Michael Girardi veröffentlichte im Jahre 1784 eine ziemlich genaue Arbeit über die Athemwerkzeuge der Vögel. Er beschreibt den unteren Kehlkopf und dessen Muskeln, die Lungen und Zwerchfelle, sowie die Luftsäcke, einzeln, nach Lage, Gestalt etc. Auch er macht am lebenden Vogel die Beobachtung, dass bei der Inspiration die Luftsäcke der Brust sich erweitern, während sich die des Bauches zusammenziehen, und dass bei der Exspiration die ersteren sich zusammenziehen, während sich die letzteren erweitern. Die Nützlichkeit der Luftsäcke besteht nach ihm in der Verminderung des Körpergewichtes und der Verstärkung der Stimme.

Im Jahre 1802 theilt Albers 1) die Ergebnisse seiner Untersuchungen über das Athmen der Vögel durch amputirte Röhrenknochen bei unterbundener Luftröhre mit, welche zunächst die Befunde Hunter's bestätigen. Ein Hahn, mit dem dieses Experiment ausgeführt wurde, lebte noch sieben Stunden. Außerdem brachte Albers nach künstlichem Verschluss der Trachea mit der Lufthöhle des Oberarms eine mit Kohlensäure gefüllte Blase in Verbindung und will hierbei einen Hahn fünf, eine Ente sieben Minuten lang am Leben erhalten haben. Brachte er statt der Kohlensäure Stickstoff zur Anwendung, so trat der Tod schon nach drei Minuten ein.

Nachdem eine Krähe, mit der ich den gleichen Versuch anstellte, wobei aber an Stelle der Kohlensäure dekarbonisirte Luft angewendet wurde, schon nach $3^1/_2$ Minuten erstickte, glaube ich allen Grund zu haben, gleich hier meinen Zweifel an der Zuverlässigkeit dieses Versuches Albers' Ausdruck zu geben. Abgesehen davon, dass dessen Ergebnis allen physiologischen Grundsätzen widerspricht, ist es auch mit dem Ergebnis, zu dem Albers mit Stickstoff gelangte, gar nicht in Einklang zu bringen, besonders wenn in Betracht gezogen wird, dass die Gase unter erhöhtem Druck auf das Blut einwirkten.

Brachte Albers mit dem geöffneten Humerus einen mit Sauerstoff gefüllten Ballon in Verbindung, so war das Versuchsthier eine Stunde lang sehr lebhaft, starb aber nach drei Minuten, wenn er den Sauerstoff durch Kohlensäure ersetzte.

In einer Inaugural-Dissertation über die Athmungsorgane der Vögel giebt Fuld (1816, 21)) unter Anderem eine gute Beschreibung der Pleura und betrachtet die Zwerchfelle als Theile dieser Membran. Aus den anatomischen Einrichtungen schließt Fuld, dass sich Thorax und Abdomen synchron erweitern und verengern, so dass die Luft in die Lungen und alle Luftsäcke gleichzeitig ein- und ausströmt.

Eine 1825 von COLAS (13) verfasste Arbeit behandelt hauptsächlich die Struktur der Vogellunge. Verfasser weist die Kommunikation zwischen benachbarten Lungenpfeifen und Alveolen nach und vergleicht den Respirationsapparat der Vögel mit einer Röhre, die an einem Ende offen ist, mit dem anderen Ende in eine Blase führt und in deren Lumen eine schwammige Masse eingefügt ist, welch letztere von der Luft bei der Inspiration und Exspiration passirt wird.

Dieser treffende Vergleich wurde später auch von CUVIER (15), PAUL BERT (6), CAMPANA (11) und Anderen, wenn auch in etwas abgeänderter Form, angewendet.

Nach JACQUEMIN (1836—1842 [27]), dessen Arbeiten, besonders aber diejenige über die Pneumaticität des Skelettes durch zahlreiche Irrthümer auffallen, indem er z. B. erklärt, sämmtliche Knochen der guten Flieger seien pneumatisch, — findet die Oxydation des Blutes nicht bloß in den Lungen, sondern auch in den Luftsäcken statt; die Luft wirkt in der Peripherie durch die Membran der Luftsäcke und die Wände der Arterien, Venen, Kapillaren und Lymphgefäße hindurchdiffundirend auf das Blut ein. Diesen Vorgang nennt JACQUEMIN Tracheenathmung. Der weitere Nutzen der Luftsäcke besteht nach JACQUEMIN in einer Vermehrung der Körperoberfläche, einer Verminderung des specifischen Gewichtes durch Erwärmung der in den Luftsäcken enthaltenen Luft und Austrocknung des Knochenmarks und der Körperflüssigkeiten, sowie in einer Steigerung der Körperelasticität.

Die Lehre, wonach in den Luftsäcken eine (extrapulmonale) Blutregeneration vermittelt würde, hat nur wenige Anhänger gefunden und ist in neuerer Zeit vollständig verlassen worden, und doch sind gerade mit von den besten Männern unserer Wissenschaft, wie CUVIER. OWEN (44), MECKEL (34), MILNE EDWARDS (37) u. A. für dieselbe eingetreten.

CUVIER 15 kennzeichnet die Vögel kurz als »Wirbelthiere mit doppelter Respiration« und betrachtet die Luftsäcke als sekundäre Lungen. Er unterscheidet zwischen leeren Säcken, welche bloß Luft enthalten cellules vides) und Eingeweidesäcken, welche Herz, Leber, Magen und Gedärme umhüllen (cellules pleines). Den ersteren obliegt die Ventilation des eigentlichen Lungenparenchyms, die letzteren dienen dazu, die Luft nach allen Theilen des Körpers hinzuleiten, »um sie zum zweiten Male in mehr oder weniger innige Berührung mit dem Ernährungsfluidum zu bringen«. Die Oxydation des Blutes vollzieht sich somit einmal in den Kapillaren der Lungen, dann aber zum zweiten Male in den Kapillaren des Körperkreislaufs (respiration double). Diese zweite Athmung steigert in hohem Grade diejenigen Eigenschaften, welche das Blut bei der ersten Athmung, der Lungenathmung, annimmt. Die Membran der Luftsäcke selbst ist (nach CUVIER) arm an Kapillaren.

In seinen Vorlesungen über die Mechanik der Athmung vergleicht CUVIER den Vogelthorax mit einem Blasbalg, den Antagonismus zwischen vorderen und hinteren Säcken erwähnt er nicht.

Die Ansicht CUVIER's, dass die Eingeweide im Inneren der Luftsäcke gelegen seien, wurde 1825 von COLAS (13) widerlegt.

Nach MILNE EDWARDS (37) unterliegt das Blut bei den Vögeln der Einwirkung der Respirationsluft nicht bloß in den Lungen, wie bei Reptilien und Säugern, sondern auch an einer Menge anderer Stellen. Unabhängig von der Lungenathmung geht hier eine ziemlich ausgedehnte »Körperathmung« (respiration profonde) vor sich. Hierzu bemerkt aber MILNE EDWARDS, dass sich

Cuvier eine etwas übertriebene Vorstellung von der Wichtigkeit dieser zweiten Athmung gemacht habe, wenn er annehme, dass sich die Luft in alle Theile des Körpers verbreite. Dies sei thatsächlich nicht der Fall; allein nichtsdestoweniger sei eine Definition, wie sie Cuvier von der Klasse der Vögel gebe, indem er sie »Wirbelthiere mit doppelter Cirkulation und Respiration« nennt, durchaus zutreffend.

Meckel (34) sieht einen Hauptunterschied zwischen den Respirationsorganen der Vögel und denjenigen der meisten anderen Thiere in der unmittelbaren Kommunikation, in welche durch sie die Luft mit den übrigen Organen gebracht wird. Durch diese Einrichtung zeigen die Vögel eine große Ähnlichkeit mit den Insekten.

Auf diese Analogie weist auch Pagenstecher (45) hin. Ihm erscheint es unzweifelhaft, dass durch die Vermittelung der Luftsäcke Kohlensäure und Wasserdampf aus den peripheren Theilen abgeführt und denselben Sauerstoff zugeführt werden könne, und zwar in direktem Gasverkehr, in einer Weise, bei welcher das Blut sich mit ihnen nicht zu belasten, das Herz sich um ihretwillen nicht anzustrengen brauche.

Nach Magnus (31) haben die Luftsäcke nicht nur den Zweck, durch Aufnahme von Luft den Vogelkörper zum Flug zu befähigen, sondern sie übernehmen auch einen Theil der Lungenarbeit; es gehet in ihnen ein sehr lebhafter Gasaustausch zwischen den Blutgasen und der atmosphärischen Luft vor sich. Es sei somit, meint Magnus, der eigentliche Hauptzweck der Lungen, die mit ihnen in Kommunikation stehenden Luftsäcke zu füllen, während ihre respiratorische Funktion mehr in den Hintergrund trete (!).

Im Gegensatz zu den Ansichten Cuvier's, Owen's, Milne Edwards' und der übrigen, nach diesen citirten Autoren, hat man nun — wie schon früher angedeutet — den Luftsäcken in Anbetracht ihrer Armuth an Blutgefäßen jede direkte Bedeutung für die Bluterfrischung vollkommen abgesprochen und nimmt an, dass der eigentliche Gasaustausch zwischen dem Blute und der Respirationsluft einzig und allein in dem Lungenparenchym stattfinde, während den Luftsäcken die Aufgabe zufalle, die Ventilation des respirirenden Parenchyms zu besorgen. Zugleich wurde auch die von Perrault aufgestellte Theorie bezüglich des Antagonismus wieder aufgenommen und erweitert.

Die Anregung zu diesem Umschwung gab eine im Jahre 1847 veröffentlichte Arbeit Ph. C. Sappey's, Recherches sur l'appareil respiratoire des oiseaux. Nach einer eben so gründlichen, wie übersichtlichen anatomischen Beschreibung der Lungen, Luftsäcke und Zwerchfelle, bei der auch zum ersten Male eine einfache und sachgemäße Nomenklatur zur Anwendung kommt, und dadurch einem in der älteren Litteratur sich recht unangenehm fühlbar machenden Mangel abgeholfen wird, geht der Verfasser auf die physiologische Bedeutung dieser Organe näher ein. Er sucht zunächst die Ansicht zu widerlegen, dass die Luftsäcke der Hämatose dienen könnten und beschäftigt sich dann eingehend mit dem Mechanismus der Athmung, insbesondere aber mit dem Antagonismus zwischen den verschiedenen Luftsackgruppen, den er weiter ausbaut. Seine Untersuchungen erstrecken sich ausschließlich auf die Hausente. Dabei begeht Sappey den schon von Strasser und Roché gerügten Fehler, dass er aus physiologischen Beobachtungen, die er an der Hausente macht, Schlüsse zieht auf die Athmung der Vögel überhaupt und selbst auf die Athmung während des Flugs, sowie auf den Einfluss, den die Luftsäcke auf den Vogelgesang ausüben. Gerade in seinen physiologischen Erörterungen lässt Sappey die verschiedene Lebensweise der einzelnen Ordnungen und die daraus entspringenden anatomischen Unterschiede völlig unberücksichtigt; was für den Strauß und Kasuar gilt, das hat eben so für den Adler Geltung (vgl. 50. p. 4), ein Irrthum, in den SAPPEY nicht hätte verfallen können, wenn er nur einmal den Thorax eines Straußes mit dem eines Adlers verglichen hätte.

Ganz den gleichen Fehler begeht später CAMPANA (11), dem das Huhn bei seinen anatomischen und physiologischen Untersuchungen als Repräsentant für die ganze Klasse der Vögel dienen muss.

Durch diese Aussetzungen kann aber das Verdienst SAPPEY's, dieses Thema zum ersten Male einer sorgfältigen, systematischen Bearbeitung unterzogen zu haben, nicht geschmälert werden. Seine sonst mustergültige Arbeit ist für die Folge grundlegend geworden; die von ihm aufgestellten Grundsätze sind fast in alle größeren Werke über vergleichende Anatomie und Physiologie (PAUL BERT, COLIN, zum Theil auch MILNE EDWARDS etc.) übergegangen und maßgebend geblieben bis heute. Ich werde aus den eben besagten Gründen im Laufe meiner Abhandlung immer wieder zurückgreifen müssen auf die SAPPEYschen Untersuchungen, wesshalb ich es unterlasse, hier näher auf dieselben einzugehen.

Eine 1875 erschienene Arbeit CAMPANA's (11) behandelt die Physiologie der Athmung der Vögel. Dieselbe war mir leider nicht zugänglich, bietet aber, so viel ich aus den verschiedensten Notizen ersehe, wenig Neues. ROCHÉ sagt darüber: »Ce mémoire de CAMPANA ne laisse cependant pas de présenter une grande obscurité d'exposition.« Außer der Bedeutung für die Ventilation der Lungen schreibt CAMPANA den Luftsäcken und pneumatischen Höhlen eine solche für die Wasserdampfabgabe und Wärmeregulation zu, stellt aber deren Einfluss auf die Erleichterung des Fluges durch Verminderung des Körpergewichtes sowie auf die Mechanik der Flugbewegung selbst sehr in Frage.

STRASSER (54) fügt den von SAPPEY und CAMPANA bezüglich der Bedeutung des pneumatischen Apparates aufgestellten Gesichtspunkten eine Reihe weiterer Momente hinzu. Danach könnten die Ausstülpungen der Luftsäcke, so weit sie an die Peripherie (über das Schulter- und Hüftgelenk hinaus zu liegen kommen, sowie auch die Lufthöhlen der Knochen eine Bedeutung für die Lungenventilation überhaupt nicht und eine solche für die Wärmeregulation und Wasserdampfausscheidung nur in sehr beschränktem Maße haben, weil, wie STRASSER annimmt, eine regelmäßige Durchlüftung dieser Räume nur ganz ausnahmsweise stattfindet. Der Nutzeffekt dieser peripheren Luftsackausstülpungen besteht in einer Steigerung der Leistungsfähigkeit der Muskulatur in Folge des durch sie ersetzten intermuskulären Zellgewebes und Fettes: »es geht weniger Kraft in innerer Arbeit (Reibung) verloren«, weil die Luft als Ausfüllungsmasse leichter verschiebbar ist. »Ein zweiter Gewinn an Muskelkraft wird ferner erzielt durch eine Verschiebung der Muskeleinheiten nach der Seite der günstigeren Wirkung hin«, wie dies am besten in der Schultergegend nachzuweisen sei, wo sich zwischen das Gelenk und die Brustmuskulatur eine Luftsackfortsetzung eingeschoben hat. Der Nutzen der Knochenpneumaticität besteht nach STRASSER in der Verminderung des absoluten Gewichts und speciell der Eigenschwere des Flügels, sowie in einer Ersparnis an Material. Hierbei macht er aber darauf aufmerksam, dass die Pneumaticität kein unbedingtes Erforderniss für die Flugbewegung sei, indem kleine, ausgezeichnete Flieger, wie Sterna und die Möven, nur wenige lufthohle Knochen hätten.

Auf die physiologischen Betrachtungen, die ROCHÉ (49) im Anschluss an seine, früher wiederholt erwähnten anatomischen Untersuchungen anstellt, werde ich später zurückkommen.

Endlich sind über die Funktion der Luftsäcke die absonderlichsten Meinungen geäußert worden. So vergleicht, um einige Beispiele anzuführen, Brasse den Vogelkörper geradezu mit einem Luftballon, während nach Lucas Fred die Luftsäcke an Hals und Brust den tauchenden Vögeln als Puffer dienen.

1. Mechanik der Athmung.

Die Ventilation des Respirationsapparates geschieht bei den Vögeln eben so wie bei den Säugethieren durch periodisch wiederkehrende Erweiterung und Verengerung des Brustkorbes.

a. Anatomische Einrichtung des Brustkorbes.

Der Thorax der Vögel ist im Allgemeinen in allen Dimensionen mächtig entwickelt; er umfasst nicht nur die eigentliche Brusthöhle, sondern auch den weitaus größten Theil des Bauchraumes; die letzten falschen Rippen verwachsen mit der Ventralfläche des Hüftbeins, ja erreichen in einzelnen Fällen das Niveau des hinteren Schambeinendes, während das caudale Ende des breiten, schildförmigen Brustbeins das Niveau des Hüftgelenkes häufig überragt.

Die echten Rippen setzen sich aus zwei ungleich großen, vollständig knöchernen Theilstücken zusammen; dieselben sind durch ein Kapselband unter einem etwa rechten Winkel gelenkig mit einander verbunden, dessen Öffnung nach vorn gerichtet ist. Die dorsalen Stücke heißen Vertebral- oder Spinalrippen. Sie sind ziemlich breit und tragen in der Mitte oder dem unteren Drittel ihres Hinterrandes je einen schief nach hinten und oben gerichteten und sich dachziegelartig über die nächstfolgende Rippe hinweglagernden Knochenfortsatz, die sog. Processus uncinati. Jede Spinalrippe artikulirt mittels zweier Gelenkfortsätze, dem Capitulum und Tuberculum, mit dem Körper und dem Querfortsatze eines Wirbels.

Die ventralen Theilstücke oder Sternalrippen sind stabförmig und viel kürzer als die vorigen; ihr distales, verdicktes Ende trägt zwei Gelenkhöckerchen, mittels derer sie je mit zwei auf den Seitenrändern des Sternums angebrachten Gelenkgrübchen in reinen Wechselgelenken verbunden sind.

Die falschen Rippen bestehen entweder in kurzen Dorsalstücken ohne Processus uncinati oder in bloßen Sternalstücken, welche sich an diejenigen der nächst vorderen echten Rippen anlegen. Ihre Zahl ist nur gering.

Am Vorderrande des Sternums befindet sich jederseits eine

ziemlich tiefe, etwas schief nach außen abfallende Rinne, in die das distale Ende des Coracoids keilförmig eingelassen ist. Durch die Verbindung beider entsteht ein wenig bewegliches Charniergelenk. Das Coracoid artikulirt andererseits mit der gut fixirten Scapula und dem vielbewegten Humerus.

Die letzterwähnten Stücke gehören selbstverständlich nicht zum Thorax, müssen aber mit erwähnt werden, weil das Coracoid und die damit verbundene Clavicula an den Athembewegungen sich betheiligen.

Was nun die Beweglichkeit der Brustwände betrifft, so gehen die Ansichten hierüber sehr aus einander:

Einzelne halten dieselben für geradezu unbeweglich; die Meisten, darunter Sibson (53) und Pagenstecher (45), halten ausschließlich ein Senken und Heben des Brustbeins, also eine Volumveränderung in der Richtung des dorsoventralen Durchmessers, Andere, wie Magnus, Sappey und Campana, ein Heben und Senken der Rippen, also eine solche in der Richtung des Transversaldurchmessers für möglich, während endlich nach Cuvier, Milne Edwards, Paul Bert und Anderen sowohl das Sternum als die Rippen einer Verschiebung fähig sind.

Diese auffälligen Meinungsverschiedenheiten machten eine genaue Untersuchung des Brustkorbes nothwendig.

Wie aus dem Vorstehenden ersichtlich ist, sind die beiden Komponenten einer Rippe unter sich und die Rippen als Ganzes mit der Wirbelsäule und dem Sternum beweglich verbunden; das Sternum gelenkt wiederum mit dem ebenfalls verschiebbaren Coracoid.

Wirken nun die inspiratorischen Muskeln auf die beiden Rippenstücke ein, so müssen die letzteren nach vorn gezogen und der von ihnen hergestellte Winkel geöffnet werden, wodurch das Brustbein gesenkt und gleichzeitig nasalwärts bewegt werden muss. Dabei muss aber auch, und das hat man bisher vollkommen übersehen, das Coracoid eine Pendelbewegung nasalwärts ausführen, um eine Achse, die quer durch dessen Verbindung mit der Scapula hindurchginge.

Die anatomischen Einrichtungen ermöglichen somit eine Vergrößerung des Brustkorbes in dorsoventraler Richtung (Senken des Brustbeins).

Allein die Gelenke, in denen die Spinalrippen mit der Wirbelsäule und den Sternalrippen verbunden sind, gestatten noch eine zweite Bewegung, nämlich eine Drehung von hinten und innen (caudo-medial) nach außen und vorn (naso-lateral) um eine vertikale Achse, die dorsal durch den Rippenhals, ventral — wenn man eine federnde Bewegung des Sternalrippenstückes unberücksichtigt lässt — durch das Vertebral-Sternalrippengelenk hindurchziehen würde. Diese Lageveränderung, die ich »Heben der Rippe« nennen will, führt zu einer Vergrößerung des Brustraums in transversaler Richtung.

Während nun vermöge ihrer anatomischen Einrichtungen an einer Vergrößerung des vertikalen Brustdurchmessers (Senken des Brustbeins) sämmtliche Thoraxsegmente sich betheiligen können, wäre es falsch, das Gleiche auch für die Vergrößerung in der Richtung des transversalen Durchmessers (Heben der Rippen) behaupten zu wollen.

Die Beweglichkeit der Einzelrippen in diesem Sinne ist abhängig weniger von der Entfernung des Rippenköpfchens vom Rippenhöcker (wie bei den Säugethieren) als vielmehr von der Neigung des dorsalen Endstückes der Rippe zur Wirbelsäule, d. h. dem Winkel, den eine durch Höcker und Köpfchen gelegte gemeinsame Achse mit der Medianebene des betreffenden Wirbels bildet.

Sobald dieser Winkel einen Rechten beträgt, also Capitulum und Tuberculum in eine Frontalebene zu liegen kommen, ist jede Hebebewegung der Rippe unmöglich, je spitzer derselbe aber wird (der Scheitel nach vorn) desto ausgiebiger kann diese Bewegung ausgeführt werden. Prüft man nun das Thoraxskelett auf diese Einrichtungen, so ergeben sich einmal für die verschiedenen Rippenpaare eines Vogels, dann aber für die analogen Rippenpaare der verschiedenen Arten der Vogelreihe bedeutende Unterschiede. Nimmt man das Skelett eines guten Fliegers, wie eines Tagraubvogels oder einer Taube, so wird man finden, dass fraglicher Winkel in der vorderen und mittleren Thoraxregion so ziemlich einen Rechten beträgt, dass er aber im Bereich der zwei bis drei letzten Rippen allmählich abnimmt. Vergleicht man damit das Skelett eines schlechten Fliegers, z. B. eines Haushuhns, so macht sich die Abnahme dieses Winkels viel weiter vorn, d. h. schon im Bereich der vorderen Region, geltend, während endlich bei den Ratiten sämmtliche Rippen unter spitzem Winkel eingepflanzt sind.

In annähernd dem gleichen Maße wie diese Schiefstellung der Rippen zunimmt, vergrößern sich die von den Spinal- und Sternalrippen gebildeten Winkel, wodurch natürlich auch das Sternum, dessen Innenfläche bei guten Fliegern fast horizontal (parallel mit der

Wirbelsäule) gelegen ist, eine bleibende Verschiebung nach vorn und unten erfährt; hierbei verliert es gewöhnlich zugleich auch an Länge und Breite, während die Bauchdecken an Flächenausdehnung zunehmen.

Bei den Ratiten sind die letzterwähnten Winkel vollkommen gestreckt, die Sternalrippen bilden die direkte Verlängerung der Spinalrippen (Gelenke bestehen zwischen beiden nicht mehr) und das verhältnismäßig kleine Sternum ist von der Ventralfläche des Brustkorbes nach dessen Vorderfläche gerückt, es hat sich vollkommen senkrecht zur Wirbelsäule gestellt.

Hier ist eine Vergrößerung des Brustraumes in longitudinaler Richtung nicht mehr möglich, weil eine Streckung des von beiden Rippenstücken gebildeten Winkels nicht mehr erfolgen kann. Bei den Ratiten ist dann auch das Zwerchfell so ausgesprochen muskulös, dass es ganz wohl als respiratorischer Muskel in Betracht kommen kann und muss.

Somit wäre die Beweglichkeit der Rippen in der Richtung des transversalen Brustdurchmessers verschieden, einmal in den verschiedenen Thoraxregionen einer und derselben Art, dann aber ganz besonders bei den verschiedenen Arten je nach ihrer Flugtüchtigkeit. Sie ist allgemein bei Arten, die gar nicht oder nur wenig fliegen, dagegen bei guten Fliegern auf die zwei bis drei letzten Rippenpaare beschränkt.

Die minimale Beweglichkeit der Rippen in transversaler Richtung bietet bei den guten Fliegern der für die lokomotorische Bewegung fast ausschließlich in Betracht kommenden vorderen Extremität eine sichere, feste Basis.

Inspiratorische Muskeln sind: Für die Spinalrippen die Scaleni, die Levatores costarum und die Intercostales externi; für die Sternalrippen die Musculi sterno-costales und die Intercostales der Sternalrippen. Die Drehbewegung der Rippen wird außer durch die Levatores costarum wahrscheinlich auch durch den Serratus superficialis hervorgerufen.

Exspiratorische Muskeln sind der Obliquus externus, Rectus und Transversalis abdominis, sowie die Intercostales interni.

Die Betheiligung der Bauchmuskeln an der Athmung wurde vielfach bezweifelt. Von anderer Seite wurden dieselben sogar für inspiratorische Muskeln gehalten. Man sah nämlich, dass die Bauchdecken bei der Inspiration eingezogen werden und glaubte dieses Einsenken auf eine Kontraktion der Bauchmuskeln zurückführen zu müssen, durch welche die Luft aus den abdominalen Luftsäcken in die Lungen getrieben werde. Wie irrig diese Ansicht ist, werde ich später beweisen.

Der Obliquus externus hebt, indem er die Spinalrippen caudalwärts zieht und so den Winkel zwischen Spinal- und Sternalrippen verkleinert, das Sternum gegen die Wirbelsäule, vermindert somit den Brustraum und durch seine Kontraktion auch den Bauchraum.

Der Rectus zieht Sternum und die Sternalrippen caudo-dorsalwärts und der Transversus dorsalwärts.

An der Mitwirkung der Bauchmuskeln bei der Exspiration ist somit nicht zu zweifeln, sie ist auch bei dem bedeutenden Gewicht der zu hebenden Theile, des Sternums und der Pektoralmuskeln, durchaus nothwendig.

Die Pektoralmuskeln selbst betheiligen sich an der Athmung nicht.

b. Physiologische Untersuchungen.

Als Versuchsthiere dienten gewöhnlich Tauben und Krähen; dieselben wurden, sofern es der Versuch gestattete, mit dem Rücken nach unten an Flügeln und Beinen auf ein Brett befestigt und wenn nöthig tief narkotisirt.

Zu den graphischen Darstellungen wurde das ALBRECHT'sche Kymographion verwendet.

Zur Abnahme der Athembewegungen der Rumpfwände diente die MAREY'sche Aufnahmetrommel, deren ca. 6 cm langer Fühlhebel

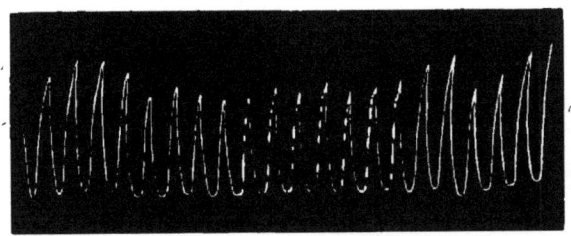

Fig. 1 Kurve 1.

auf die zu untersuchenden Stellen immer möglichst gleich fest und dabei so aufgesetzt wurde, dass er senkrecht auf die Membran der Trommel einwirken musste.

Kurve 1 bringt die Bewegungen der Athemluft in der Luftröhre zur Anschauung. In die Trachea einer Taube wird im oberen Dritttheil des Halses ein genügend großer Längsschnitt eingeschnitten, eine passende Trachealkanüle eingebunden und diese mittels Kautschukröhren unter Einschaltung einer großen Flasche mit dem Registrirapparat verbunden. Der aufsteigende Schenkel der Kurve entspricht somit der Exspiration, der absteigende der Inspiration. Die Zeitdauer der letzteren ist etwas länger als die der ersteren (Verhältnis etwa 12 : 13). Der Ausathmung schließt sich die Einathmung unmittelbar an. Dagegen scheint zwischen der Einathmung und der folgenden Ausathmung eine kleine Pause zu bestehen. Doch stimmen im letzten Punkte die Ergebnisse nicht immer mit einander überein. Sekundäre Druckschwankungen machen sich während keiner der beiden Athemphasen bemerkbar.

Kurve 2: Um jede Beeinflussung der Athmung durch die Trachealkanüle zu vermeiden, wurde die Verbindung mit der als Luftreservoir dienenden Flasche durch eine weite Glasröhre hergestellt, in deren eines, trichterförmig erweitertes und mit Kautschuk gefüttertes Ende der Schnabel des Vogels bis über die Nasenlöcher

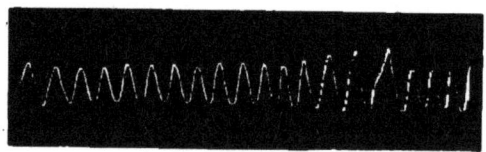

Fig. II Kurve 2.

eingeführt wurde. Bedeutende Unterschiede machen sich zwischen dieser und der vorigen Kurve nicht geltend, nur dass die Athmung weniger tief ausgeführt wurde, wodurch die einzelnen Phasen der Athmung weniger deutlich zum Ausdruck kommen.

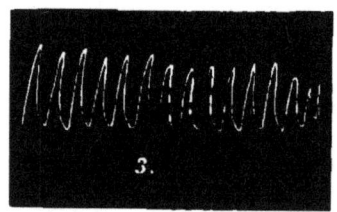

Fig. III (Kurve 3.

Die Kurven 3 bis 3g geben die respiratorischen Bewegungen der verschiedenen Theile der Rumpfwand wieder und zwar:

Kurve 3: Der besonders verlängerte Stab der mit der Registrireinrichtung verbundenen Aufnahmetrommel wird von vorn und oben senkrecht zur Bewegungsrichtung auf den vordersten Theil der Crista sterni aufgesetzt.

Kurve 3a. Eben so auf die Mitte des Sternums aufgesetzt unter einem Winkel von etwa 80°.

Kurve 3b. Eben so auf das caudale Ende der Crista aufgesetzt unter einem Winkel von ca. 80°.

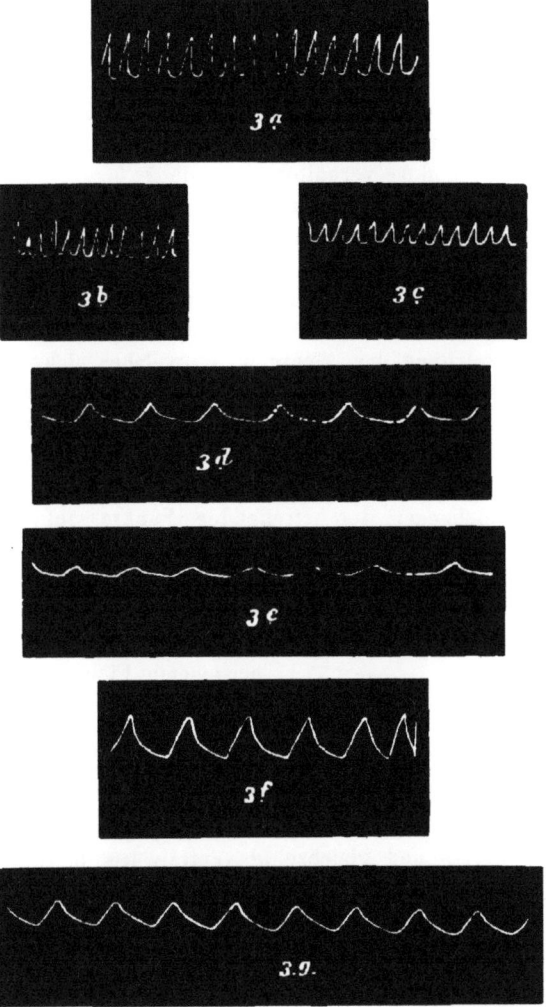

Fig. III a—g (Kurve 3 a—g).

Die Evolutionsweiten der Kurven 3, 3a und 3b verhalten sich wie 14 : 9 : 7.

Kurve 3c. Der Stab der Aufnahmetrommel sitzt auf der Mitte

des Bauches unter einem Winkel von nicht ganz einem Rechten. In dieser Kurve entspricht der aufsteigende Schenkel der Ausathmung, in allen anderen der Einathmung.

Kurve 3*d*. Der Stab der Aufnahmetrommel ist in horizontaler Richtung auf die letzte Sternalrippe etwas unterhalb ihrer Krümmung aufgesetzt.

Kurve 3*e*. Der Stab sitzt in der gleichen Höhe im vorletzen Zwischenrippenraum, berührt aber die beiden Rippen. Die Höhen der Kurven 3*d* und 3*e* verhalten sich wie 2:5.

Im Bereich der übrigen echten Rippen ist eine Bewegung in transversaler Richtung nicht nachzuweisen.

Kurve 3*f*. Der Stab der Aufnahmetrommel ist senkrecht auf die Mitte des Vorderrandes der Clavicula und

Kurve 3*g* eben so nahe dem Sternum aufgesetzt.

Zur Feststellung der Richtung, in welcher sich das Sternum bewegt, wird je eine feine Insektennadel in das nasale und caudale Ende sowie in die Mitte der Crista sterni senkrecht eingestochen. Mit dem Kopfe einer jeden Nadel ist ein kurzes Stückchen Pferdeschweifhaar unter rechtem Winkel so verbunden, dass es die Verschiebungen der betreffenden Punkte auf eine parallel mit der Medianlinie des Versuchsthieres aufgestellte, berußte Glasplatte einritzt.

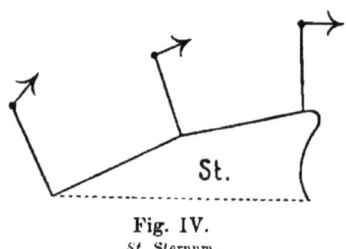

Fig. IV.
St, Sternum.

Die so erhaltenen Linien giebt beistehende Figur in genauer Kopie wieder.

Man ersieht daraus, dass bei der Einathmung der vorderste Theil des Brustbeins fast ausschließlich nasalwärts gleitet, die Mitte desselben sich nasal- und gleichzeitig ventralwärts bewegt, und dass dessen caudales Ende neben einer Vorwärtsbewegung die stärkste Verschiebung ventralwärts erfährt.

Die Ergebnisse meiner anatomischen und physiologischen Untersuchungen über die Athembewegungen der Rumpfwände der Vögel lassen sich nunmehr in folgenden Sätzen zusammenfassen:

Die inspiratorische Vergrößerung des Brustkorbes erfolgt in zwei Richtungen:

1) in der Richtung des dorsoventralen und
2) in der Richtung des transversalen Durchmessers.

Die Volumzunahme der Brusthöhle in dorsoventraler Richtung ist die ausgiebigere. Sie geschieht zunächst durch Öffnung des zwischen Spinal- und Sternalrippen vorhandenen Winkels und eine dadurch bedingte rein passive Verschiebung des Sternums nach unten (ventral) und vorwärts (nasal).

So weit ließe sich diese Einrichtung am besten mit dem Mechanismus einer Kniepresse vergleichen.

Die Vorwärtsbewegung des Sternums kommt mehr in dessen vorderen Abschnitt, die Senkung desselben mehr in dessen hinterer Partie zur Geltung, wobei jedoch der vorderste Theil die größte Exkursion ausführt (vgl. Abbildung V).

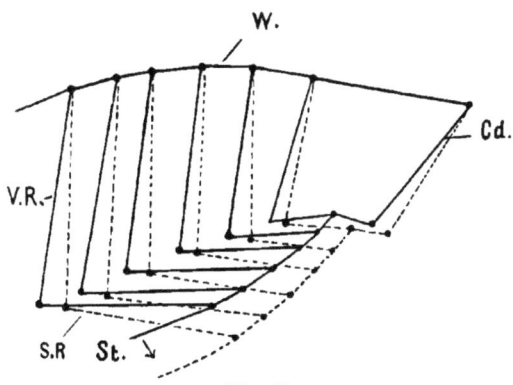

Fig. V.

————— Exspirationsstellung; ----- Inspirationsstellung; *Cd*, Coracoid; *V.R*, Vertebralrippen; *S.R*, Sternalrippen; *St*, Sternum; *W*, Wirbelsäule.

Begleitet ist die Verschiebung des Sternums von einer Pendelbewegung der Clavicula und des Coracoids nach vorn.

Eine Vergrößerung des transversalen Brustdurchmessers erfolgt gewöhnlich bloß in der hinteren Thoraxregion. Sie ist bedingt durch eine Drehbewegung der betreffenden Rippen von hinten und innen (caudomedial) nach vorn und außen.

Die bedeutendste Verschiebung erfährt das letzte Rippenpaar; nach vorn nimmt dieselbe an Ausgiebigkeit allmählich ab.

Mit der inspiratorischen Vergrößerung des Brustumfangs fällt ein Einsinken der Bauchdecke zusammen.

Die Exspiration besteht in einer Rückkehr der dislocirten Theile in ihre Ruhelage.

Bei Öffnung des Schnabels nimmt man wahr, dass die Athemöffnung des oberen Kehlkopfs während der Einathmung sich mäßig erweitert und bei der Ausathmung sich wieder entsprechend verengt.

α. **Die Bewegungen der Lungen und Luftsäcke bei ruhiger Athmung und die Durchlüftung des Athmungsapparates.**

Es ist eine jetzt wohl allgemein anerkannte Thatsache, dass die Lungen der Vögel in Folge ihrer Verwachsung mit den Brustwänden und dem pulmonalen Zwerchfell eine Verschiebung an den Brustwänden überhaupt nicht und bei der äußerst rudimentären Beschaffenheit der Zwerchfellmuskulatur eine Volumveränderung in nur ganz beschränktem Maße erfahren können. Es muss daher die erste Aufgabe der Luftsäcke sein, die Ventilation des ungewöhnlich kapillarreichen Lungenparenchyms zu vermitteln: **Lungen und Luftsäcke haben sich in das Athmungsgeschäft getheilt; den ersteren obliegt der chemische Theil, die Hämatose, den Luftsäcken der mechanische Theil, der Wechsel der zur Respiration dienenden Luft.**

Welche Rolle spielen nun die verschiedenen Gruppen der Luftsäcke bei der Durchlüftung des respirirenden Parenchyms?

Die PERRAULT'sche Theorie, die einen Antagonismus zwischen den Luftsäcken der Brust und jenen des Bauches annimmt, wurde von SAPPEY wieder aufgegriffen, erweitert und überhaupt in jene Form gebracht, in der sie bis heute maßgebend geblieben ist. Danach käme die Ventilation der Lungen fast ausschließlich den mittleren oder intrathorakalen (vorderen und hinteren diaphragmatischen) Luftsäcken zu, weil diese allein »unter der Einwirkung der festen Brustwände und des abdominalen Zwerchfells in der Athemarbeit direkt und vollkommen mit den Lungen gingen«, während die vorderen (cervicalen und interclaviculären) und hinteren (abdominalen) Säcke bei ihrer extrathorakalen Lage an dem Durchlüftungsgeschäft sich direkt nicht betheiligen könnten.

Die Bewegungen der Luftsäcke würden sich somit folgendermaßen gestalten: Bei der inspiratorischen Vergrößerung des Brustkorbes erweitern sich nur die intrathorakalen oder auch aspiratorischen Säcke, wogegen ihre Antagonisten, die extrathorakalen Säcke, weil sie von dem Druck der Außenluft bloß durch nachgiebige Wände geschieden seien, sich verengern. Die Luft gelangt daher in die erweiterten intrathorakalen Säcke nicht bloß durch die Trachea von außen herein, sondern auch durch die peripheren Bronchien aus den extrathorakalen Säcken. Bei der Exspiration werden die intrathorakalen Säcke komprimirt und treiben nun die Luft zum Theil durch die Trachea nach außen, zum Theil wieder zurück in die extrathorakalen Säcke, welch letztere sich in Folge dessen (exspiratorisch) erweitern. Dabei vollzöge sich der Gasaustausch (nach Sappey) zwischen Athemluft und Blut bloß während der Inspiration, »weil bei der Exspiration kein respiratorisches Geräusch vernommen würde«.

Das inspiratorische Zusammenfallen der extrathorakalen Säcke führt genannter Autor darauf zurück, dass deren Inhalt von Seiten der intrathorakalen Säcke aspirirt würde, während nach Campana die Luft durch besondere Muskelkräfte aus den extrathorakalen Säcken in die intrathorakalen gedrängt wird. Im Übrigen unterscheidet sich die Campana'sche Athemtheorie von derjenigen Sappey's nicht.

So sehr diese Theorie nun auch einleuchten möge und wenn dieselbe auch in dem inspiratorischen Einsinken der Bauchdecken, sowie in der Bewegung der Luftsäcke, wie man sie bei der Vivisektion beobachtet, ihre unmittelbare Bestätigung zu finden scheint, so lassen sich doch eine Reihe recht schwerwiegender Einwände gegen dieselbe erheben.

Vor Allem ist — und darauf macht auch Roché aufmerksam — eine Trennung zwischen intra- und extrathorakalen Säcken in physiologischer Hinsicht absolut undurchführbar. Denn auf der einen Seite reichen bei den allermeisten Vögeln die hinteren diaphragmatischen Säcke bis in die Beckenhöhle, so dass die weitaus größere Partie in den abdominalen Raum zu liegen kommt, auf der anderen Seite nimmt der interclaviculare Sack gerade denjenigen Theil der Brusthöhle ein, der bei der Inspiration die ausgiebigste Erweiterung erfahren muss; dabei ist derselbe allseitig mit dem Brustkorb verwachsen und daher gezwungen, den Bewegungen der Brustwände unmittelbar Folge zu leisten. Eben so liegt der Anfangstheil des abdominalen Sackes im Bereich der meistbewegten Rippen und des Brustbeines.

Nun sind allerdings die intrathorakalen Säcke von den abdominalen durch das sog. abdominale Zwerchfell getrennt, und es wirft sich daher die Frage auf, welche Bedeutung dieses letztere für den Athemmechanismus haben könne, vor Allem, ob dasselbe als kontraktiles Septum zwischen Brust- und Bauchhöhle, also als Zwerchfell in dem Sinne wie bei den Säugethieren betrachtet werden dürfe oder nicht. Diese Frage muss nun entschieden verneint werden.

Denn nicht nur, dass quergestreifte Muskelfasern, wie sie Sappey gefunden zu haben glaubt, in dieser zarten Membran gänzlich fehlen, ist dieselbe auch noch so lose zwischen Wirbelsäule und Brustbein bez. Rippen eingefügt, dass sie selbst bei tiefster Inspiration nicht völlig gespannt ist, sich vielmehr gegen die Medianebene des Körpers hin vorwölbt. Man kann sich von der Richtigkeit dieser Behauptung leicht überzeugen, wenn man die Bauchhöhle eines lebenden Vogels vorsichtig öffnet und die diaphragmatischen Säcke mit dem genannten Septum beobachtet. Das abdominale Zwerchfell der Vögel kann daher bei der Athmung keine aktive Rolle spielen; es ist in seiner Bewegung durchaus abhängig von der Füllung und Entleerung der diaphragmatischen Säcke, mit deren medialer Wand es verschmolzen ist. Muss aber dem abdominalen Zwerchfell jede aktive Betheiligung an dem Athemmechanismus abgesprochen werden, so darf in physiologischer Beziehung zwischen Brust- und Bauchhöhle überhaupt nicht mehr unterschieden werden und kann für die Folge nur mehr ein gemeinsamer thorakoabdominaler Raum in Betracht kommen, abgesehen natürlich von jenem kleinen dorsonasalen Abschnitt des Brustkorbes, welcher die Lungen beherbergt und durch das pulmonale Zwerchfell begrenzt wird.

Aus dem bisher Gesagten erhellt zugleich, wie irrig es ist, aus den respiratorischen Bewegungen der Bauchwände unmittelbare Schlüsse auf die Füllungszustände der abdominalen Säcke zu ziehen, d. h. also, das Einsinken der Bauchwand während der Inspiration auf ein Zusammenfallen dieser Säcke zurückführen zu wollen. Im Gegentheil! Gerade jener einsinkende Theil der Bauchwand kommt eben in den Bereich der hinteren diaphragmatischen Säcke zu liegen, während hier zwischen abdominale Säcke und Bauchdecke die ganze Masse der Gedärme sich einschiebt. Es dürfte auch kaum gelingen von der Bauchseite her eine Kanüle in die abdominalen Säcke einzuführen, wohingegen dies vom Rücken her viel eher gelingt.

Es wurde ferner darauf hingewiesen, dass die Bauchmuskeln, insbesondere der äußere schiefe, als exspiratorisch wirkende Kräfte betrachtet werden müssen, indem sie das Sternum der Wirbelsäule nähern und die Rippen nach hinten und innen ziehen. Die Kontraktion der Bauchmuskeln ruft aber mit natürlicher Nothwendigkeit eine Verkleinerung der Bauchhöhle, eine Kompression der Contenta derselben und somit auch der hier untergebrachten Luftsäcke hervor. Schon aus diesem Grunde ist eine exspiratorische Erweiterung der abdominalen Säcke undenkbar.

Auch haben die Messungen Campana's, Bieletzky's (8) und Roché's ergeben, dass die sog. extrathorakalen Säcke zusammen zwei- bis dreimal so viel Luft fassen als die diaphragmatischen Säcke. Es könnten daher, wenn der behauptete Antagonismus bestünde, nur relativ geringe Luftquantitäten zwischen beiden Gruppen ausgetauscht, niemals aber ein regelmäßiger Luftwechsel in den vorderen und hinteren Säcken erzielt werden. Und wie müsste sich nun vollends die Durchlüftung des Lungenparenchyms gestalten?

Bei der Einathmung würde ein Quantum atmosphärischer Luft durch die Luftröhre und Lungen in die diaphragmatischen Säcke eingesaugt und müsste beim Passiren der Lungen Sauerstoff abgeben und Kohlensäure aufnehmen. Zugleich mit, zum Theil vor dieser Luft würde — um aus den extrathorakalen in die intrathorakalen Säcke zu gelangen — ein noch größeres Luftquantum die Lungen passiren, und zwar ein Luftgemenge, welches diesen und den umgekehrten Weg schon wiederholt gemacht hat, somit mit Kohlensäure geradezu überschwängert sein müsste; denn wenn sich die extrathorakalen Säcke bei der Ausathmung füllen würden, könnten sie doch bloß Exspirationsluft enthalten und die natürliche Folge dieses Antagonismus wäre die, dass ein gewisses Luftquantum zwischen Lungen und intrathorakalen Säcken einerseits und den extrathorakalen Säcken andererseits ständig hin- und hergeschoben würde, und dass sich der Kohlensäuregehalt dieser Luft mit jedem Athemzuge steigern müsste.

Wenn ich oben gesagt habe, die den extrathorakalen Säcken entstammende Luft müsste theilweise früher und in größerer Menge die Lungen passiren als die atmosphärische Luft, so begründe ich dies damit, dass die erstere einen viel kürzeren Weg zurückzulegen hätte als die letztere, und dass außerdem die Kommunikationsöffnungen zwischen extrathorakalen Säcken und Lungen in ihrer Gesammtheit viel weiter sind als die durch den oberen und unteren Kehlkopf eingeengte Trachea. Dazu erinnere ich daran, dass der in den abdominalen Sack führende Bronchus die direkte Fortsetzung des Hauptbronchus bildet.

Dass es aber die Respirationsvorgänge in keiner Weise fördern könnte, wohl aber hemmen müsste, wenn sich die atmosphärische Luft gleich bei ihrem Eintritt in die Lungen mit einem noch größeren Quantum von mit Kohlensäure und Wasserdampf übersättigter Luft mischen müsste, bedarf wohl keiner weiteren Erörterung.

Endlich müsste auch nach folgender praktischen Erwägung das

Bestehen eines Antagonismus im Sinne Sappey's sehr zweifelhaft erscheinen:

Wenn man einen oder mehrere der sog. extrathorakalen Säcke mittels Kanülen oder durch Amputation lufthaltiger Röhrenknochen mit der Außenluft in unmittelbare Kommunikation setzt, so wird dadurch die Athmung nicht unbeträchtlich beeinflusst. Es stellen sich nämlich dieselben Störungen ein wie bei abnormen Verkleinerungen der Lungenoberfläche oder beim Fehlen des Sauerstoffes in der Athemluft, also Vermehrung der Zahl und Tiefe der Athembewegungen. Die unmittelbare Ursache dieser Abweichungen ist darin zu suchen, dass der durch die respiratorischen Bewegungen des Thorax zwischen Luftsack- und Außenluft erzeugte Spannungsunterschied nicht mehr auf dem Wege der Bronchien, sondern direkt durch die künstlichen Öffnungen ausgeglichen wird und in Folge dessen weniger Luft die Lungen passirt. Bestünde aber ein Antagonismus so müsste durch eine solche Operation gerade das Gegentheil erreicht werden. d. h. die Athmung müsste langsamer und oberflächlicher vor sich gehen, denn in diesem Falle würde bei der Einathmung mehr und dazu frische Luft aspirirt werden und der Abfluss der Exspirationsluft könnte nach dieser Seite hin viel ungehinderter erfolgen.

Nun hat Sappey folgende Versuche angestellt: Er führte den einen Schenkel eines Quecksilbermanometers in den interclavicularen Sack ein und stellte fest, dass, so lange der Thorax sich erweitert, die Quecksilbersäule dem Körper des Thieres sich näherte und bei der Retraktion des Brustkorbes nach der entgegengesetzten Richtung sich bewegte. Führte er hingegen das Manometer in einen der intrathorakalen Säcke ein, so zeigte es nur kaum sichtbare Schwankungen.

Mit diesen Versuchen glaubt nun Sappey den Beweis für das antagonistische Verhalten der extrathorakalen Säcke erbracht zu haben, indem er daraus den Schluss zieht, dass während der Einathmung sich die Lungen und diaphragmatischen Säcke erweitern und die Luft aus den vorderen und hinteren Luftsäcken aspiriren, wobei die letzteren »unter dem Einfluss dieser doppelten Aspiration sich entleeren und zusammensinken« und umgekehrt bei der Ausathmung.

Die Erscheinung, dass in den mittleren Luftsäcken das Manometer nur ganz minimale Schwankungen aufwies, erklärt Sappey so, dass die durch die Dilatation des Brustkorbes in den intrathorakalen Säcken bedingte Luftverdünnung sofort »durch die durch die Trachea hereinstürzende Luft ausgeglichen werde«, vergisst dabei aber vollständig, dass auch die extrathorakalen Säcke mit der Trachea direkt in Verbindung stehen.

Einen ähnlichen Versuch wie Sappey hat Paul Bert angestellt: Er verband die Lufthöhle des Oberarms mit dem Polygraphen und stellte fest, dass in der erhaltenen Kurve der abfallende Schenkel, erzeugt durch die Luftverdünnung in der Knochenhöhle, der Einathmung, und der aufsteigende Schenkel der Ausathmung entspreche; darin erblickte er denn eine Bestätigung der Sappey'schen Schlüsse.

Ich habe zunächst die Versuche Sappey's dahin erweitert, dass ich, was doch das Nächstliegende sein musste, je ein Manometer in einen extra- und einen intrathorakalen Sack gleichzeitig einführte und zur Füllung des Manometers statt des schwer beweglichen Quecksilbers eine leicht bewegliche Flüssigkeit (blaugefärbten Äther) verwendete.

Und nun fand ich, dass während der verschiedenen Athemphasen in beiden Manometern die Flüssigkeitssäule in einer und derselben Richtung und durchaus synchron sich bewegte, und zwar während der Einathmung nach den Luftsäcken hin und während der Ausathmung von diesen weg, und ferner, dass das mit dem intrathorakalen Sack verbundene Manometer gleichgroße, ja größere Schwankungen aufwies als das andere.

Sodann wurden Versuche mit dem Polygraphen angestellt; als Versuchsthiere dienten Krähen: Es wird eine Glaskanüle in den vorderen diaphragmatischen Sack eingelegt, und dieser eben so wie

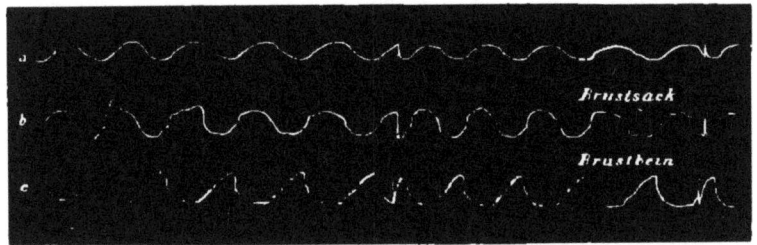

Fig. VI Kurve 4.

der Hohlraum des Oberarms mittels Kautschukschlauch mit je einer Marey'schen Schreibtrommel verbunden. Gleichzeitig wird die Bewegung des Brustbeins nach dem früheren Verfahren zur Darstellung gebracht. Ich erhalte das

Pneumatogramm 4. Die Kurve *a* entspricht dem Humerus

clavicularer Sack, die Kurve *b* dem vorderen diaphragmatischen Sack, die Kurve *c* dem Brustbein.

Pneumatogramm 4 *a*. Der intraclaviculare Sack (Kurve *a*), der vordere diaphragmatische Sack (Kurve *b*) und der abdominale Sack (Kurve *c*) sind, die beiden letzteren mittels eingeführter Glaskanülen, gleichzeitig mit je einer Registrirtrommel verbunden (vgl. auch Kurve 12).

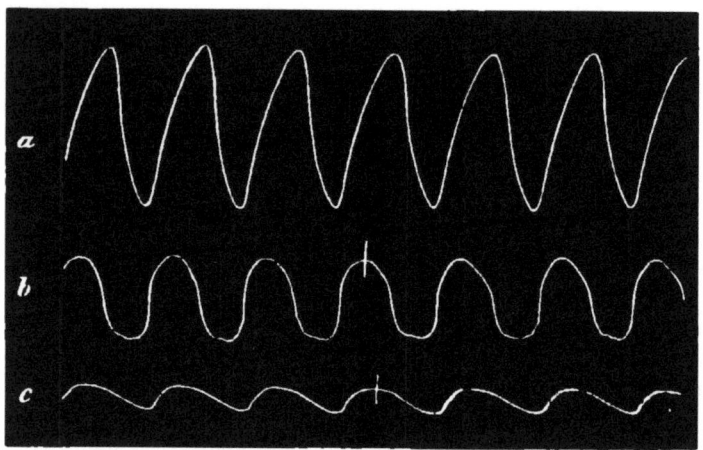

Fig. VI *a* (Kurve 4 *a*).

Das Einführen der Kanülen in die Luftsäcke, besonders in den abdominalen, ist mit einigen Schwierigkeiten verknüpft. Da hierbei die Bauchhöhle nicht geöffnet werden soll, so verfuhr ich dabei so, dass ich an einer Stelle, wo diese Säcke der Rumpfwand anliegen, mittels Trephine eine Öffnung anbrachte und in diese eine gut passende Kanüle einführte. Für den abdominalen Sack erwies sich hierzu die Lendengegend am geeignetsten, so dass die Kanüle durch die Nieren hindurch verlief. Starke Blutungen störten die Versuche häufig. Die richtige Lage der Kanülen wurde durch Einblasen von Luft und nach den Versuchen durch die Sektion festgestellt. Es sei noch erwähnt, dass, wenn die abdominalen Säcke geöffnet blieben, in den übrigen Luftsäcken kaum eine Schwankung nachgewiesen werden konnte.

Beide Pneumatogramme ergänzen sich gegenseitig. Wie aus denselben (Markirpunkte!) und eben so aus den Manometerversuchen ersichtlich ist, fällt, so lange sich der Thorax erweitert, der Druck der Athemluft in sämmtlichen Säcken gleichmäßig und synchron und steigt eben so, so lange sich der Brustkorb verengt.

Weitere Schlüsse können aus diesen Versuchen zunächst nicht gezogen werden, eben so wenig aus denjenigen Sappey's, und es fragt sich nun, ob der abfallende Schenkel der Kurve (Fallen des Druckes) der Füllung oder Entleerung (zu einer vollkommenen Entleerung kann es selbstverständlich niemals kommen) der Säcke entspricht. Die Beantwortung dieser Frage ist für den intraclaviculären Sack, wie auch für den vorderen diaphragmatischen Sack, welche in fast ihrem ganzen Umfang mit den Wänden des Brustkorbes verwachsen sind und sich daher mit diesem erweitern und verengern müssen, ziemlich einfach. Sie befinden sich unter ganz ähnlichen Bedingungen wie die Lungen der Sänger: Durch die Erweiterung des Brustkorbes sinkt der Druck der Sackluft unter denjenigen der Außenluft (abfallender Schenkel) und es strömt nun die letztere behufs Ausgleichung dieses Spannungsunterschiedes in die Säcke ein; erhebt sich durch Verengerung des Brustkorbes der Druck der Sackluft über den Atmosphärendruck (aufsteigender Schenkel), so wird die Luft aus den Säcken ausgetrieben. Es kann somit der abfallende Schenkel bloß der Füllung, der ansteigende Schenkel der Kurve bloß der Leerung dieser Luftsäcke entsprechen.

Nicht ganz so einfach gestaltet sich die Erledigung dieser Frage für die hinteren diaphragmatischen und abdominalen Säcke in Anbetracht des inspiratorischen Einsinkens der Bauchwand und weil ein Beweis für meine frühere Behauptung, dass Brust- und Bauchhöhle in physiologischer Hinsicht als ein gemeinschaftliches Cavum betrachtet werden müssen, experimentell noch nicht erbracht ist. Wollte man mit Campana annehmen, dass die abdominalen Säcke während der Einathmung durch Muskelkräfte entleert würden, die von außen auf sie einwirken, so müsste dieser Art der Entleerung der aufsteigende Kurvenschenkel entsprechen. Allein ganz abgesehen davon, dass solche Muskelkräfte gar nicht nachweisbar sind, wird diese Annahme durch die Kurve selbst widerlegt, indem dieselbe zeigt, dass bei der Inspiration der Druck in diesen Säcken nicht steigt, sondern fällt (vgl. auch Manometerversuche).

Hingegen kann die Kurve keinen Aufschluss darüber geben, ob fragliche Säcke während der Einathmung durch Luftaussaugung entleert werden oder aber, ob sie sich durch Lufteinsaugung füllen, denn in beiden Fällen herrscht in ihnen Druckerniedrigung. Da nun aber diese Luftsäcke mit ihren zarten Wänden zum großen Theil lose in dem abdominalen Raum gelegen sind, so kann eine Entleerung derselben durch Luftaussaugung nur dann stattfinden, wenn der auf ihrer äußeren, der Bauchwand zugewendeten Oberfläche lastende Druck während der Einathmung größer ist als die von den Bronchien her auf ihre Innenfläche einwirkende Spannung der atmosphärischen Luft, d. h. wenn die Bauchhöhle bei der Inspiration sich wirklich verkleinert. Um hierüber Aufschluss zu schaffen, wurde eine Kanüle in die freie Bauchhöhle eingeführt und diese zuerst mit einem Manometer, dann mit dem Polygraphen verbunden, und da zeigte sich — wie ich anders gar nicht erwartet hatte, — dass hier eben so wie in den Luftsäcken bei der Einathmung der Druck sinkt und bei der Ausathmung steigt, dass also, trotz des inspiratorischen Einsinkens der Bauchwand, sich die Bauchhöhle bei der Inspiration vergrößert (vgl. die Doppelkurve 5; die obere Kurve giebt die Bewegung des Brustbeins, die untere die respiratorischen Druckschwankungen in der freien Bauchhöhle wieder).

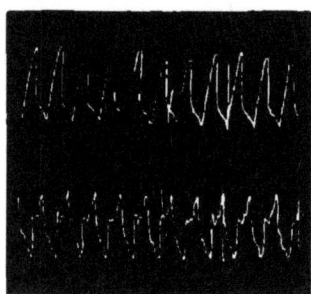

Fig. VII Kurve 5).

Diese Vergrößerung des Bauchraumes muss aber unbedingt eine Erweiterung der Luftsäcke, die er beherbergt, zur Folge haben, auch wenn deren Wandungen den Bauchwänden nicht unmittelbar anliegen, und daraus resultirt, dass auch diese Luftsäcke während der Inspiration Luft von außen einsaugen[1].

Damit ist nun aber auch endgültig bewiesen, dass ein Antagonismus zwischen den verschiedenen Gruppen der Luftsäcke nicht bestehen kann, dass vielmehr bei der Inspiration alle Luftsäcke sich erweitern und umgekehrt bei der Exspiration sich verengern.

Die scheinbar antagonistische Bewegung der Bauchwand lässt sich am besten mit den Bewegungen des Leders eines Blasebalgs vergleichen, denn auch dieses sinkt ein, während der Hohlraum des Blasebalgs vergrößert und stülpt sich aus, während derselbe verkleinert wird; das Einsinken der Bauchwand ist eben die Folge der Zunahme des Bauchraumes während der Einathmung.

Mit der Erscheinung, dass die Bauchwand während der Ausath-

---

[1] Diese Vorgänge veranschaulicht am schönsten das DONDERS'sche Athemmodell, cf. BERNSTEIN, Physiologie.

mung etwas nach außen hervorgedrängt wird, kann die exspiratorische Kontraktion der Bauchmuskulatur nicht im Widerspruch stehen, denn es ist bloß der mediale Theil der Bauchwand, der sich vorwölbt, während die Bauchmuskeln, besonders die am meisten betheiligten äußeren schiefen Bauchmuskeln mit schief von hinten und oben nach vorn und unten gerichtetem Faserverlauf an den Seitenwänden des Bauches gelegen sind.

Und nunmehr erklärt sich auch der Antagonismus, wie er bei geöffneter Bauchhöhle beobachtet wird. Durch die Beseitigung der Bauchwand kann der Druck der Atmosphäre auf die äußere Oberfläche der bloßgelegten Säcke unmittelbar einwirken. Erweitert sich jetzt der Thorax, so folgen ihm natürlich nur noch die Säcke, die seinen Wänden fest anhaften und saugen dabei die Luft sowohl von außen als auch aus den jetzt allerdings »extrathorakal« gelegenen Säcken an, die unter dem äußeren Luftdruck zusammenfallen müssen; dies kann aber nie der Fall sein bei intakter Bauchwand.

Nach den bisherigen Erörterungen kann ich mich über die Einzelvorgänge der Ein- und Ausathmung kurz fassen: Die Erweiterung der Thorako-Abdominalhöhle hat die Ausdehnung sämmtlicher Luftsäcke zur Folge, es entsteht in ihnen eine Luftverdünnung und die Außenluft dringt nun zunächst in die Luftröhre ein. Ein Theil derselben ergießt sich in die Bronchien, welche die einzelnen Theile der Lungen versorgen, durchströmt das ganze Lungenparenchym und bewerkstelligt die Hämatose; der andere Theil folgt dem Verlauf der Hauptbronchien und gelangt in die Luftsäcke.

Es ist nun aber sehr wahrscheinlich, dass die Lungen bei der Inspiration nicht vollkommen unverändert bleiben, sondern dass auch sie durch Kontraktion der PERRAULT'schen Lungenmuskeln und dadurch hervorgerufene Anspannung und Abflachung des pulmonalen Zwerchfells eine, wenn auch nur geringe Volumvergrößerung, hauptsächlich in der Richtung ihres Längendurchmessers erfahren, da sonst der weitaus größere Theil der aspirirten Luft an dem eigentlichen Lungengewebe vorbei auf dem kürzesten Wege nach der Seite des geringsten Widerstandes hin, in die Luftsäcke sich ergösse und eine gehörige Durchlüftung der Lungen nicht stattfände.

Bevor nun der Spannungsunterschied zwischen der äußeren Atmosphäre und der Luft der Säcke sich gänzlich ausgeglichen hat, beginnt die exspiratorische Verengerung des Brustkorbes (vgl. Kurven);

sämmtliche Luftsäcke werden komprimirt und ihr Inhalt wird durch die Bronchialöffnungen ausgestoßen, kann aber, weil er plötzlich in viel engere Bahnen eingezwängt wird, nicht nach außen gelangen, ohne ebenfalls das Lungenparenchym passirt zu haben. Hierbei dient auch er der Hämatose und fegt zugleich die ausgenutzte Luft vor sich her nach außen.

Die Bedingungen für die Ventilation des Lungengewebes sind somit im Vogelorganismus die denkbar günstigsten: Die nackten Blutkapillaren werden bei dem großen Volumen der Luftsäcke sowohl bei der Einathmung als bei der Ausathmung fast allseitig von großen Mengen sauerstoffreicher Luft umspült und der Gasaustausch zwischen dem rasch cirkulirenden Blut und der Luft vollzieht sich kontinuirlich und mit stets gleicher Energie.

Die von SAPPEY zum Ausdruck gebrachte Ansicht, die Hämatose gehe bloß während der Inspiration vor sich, weil während der Exspiration kein respiratorisches Geräusch hörbar würde, lässt darauf schließen, dass diesem Autor die Wichtigkeit der sog. Residualluft in der Säugethierlunge für die Unterhaltung der Hämatose während der Ausathmung völlig unbekannt war und es ist nur zu verwundern, dass diese Sätze bis jetzt keinen Widerspruch erfahren haben. Die Hämatose wird doch nicht etwa gehört? Dieselbe hat mit dem Athmungsgeräusch gar nichts zu thun und dem Gaswechsel zwischen Blut und Luft während der Ausathmung steht auch in der Vogellunge nicht das geringste Hinderniss im Wege.

Es sei noch erwähnt, dass man nach vorheriger Öffnung eines beliebigen Luftsackes die Luftröhre ohne Weiteres unterbinden kann, d. h. ohne dass die Athmung irgend wie gestört würde.

Dass das Zerstören eines oder mehrerer Luftsäcke hochgradige Athembeschwerden nach sich zieht, ist nach dem früher Gesagten selbstverständlich, hingegen ist bemerkenswerth, dass die Athmung ungestört weiter geht, wenn man nach Exstirpation der Luftsäcke die Rumpfhöhle wieder sorgfältig verschließt, indem dann diese vikariirend für die Luftsäcke eintritt.

Einer männlichen Taube wurden die abdominalen und hinteren diaphragmatischen Säcke nebst den abdominalen Zwerchfellen zerstört, die Bauchhöhle unter antiseptischen Vorsichtsmaßregeln wieder verschlossen und das Thier alsdann ins Freie gesetzt. Es flog, wenn auch ziemlich unsicher, auf ein benachbartes Dach und später weiter. Nach sechs Tagen stellte es sich vor dem Fenster des Zimmers, in

dem es früher zusammen mit dem zugehörigen Weibchen unterge-
bracht war, wieder ein. Eingelassen erwies es sich als vollkommen
gesund, ohne nachweisbare Abweichungen in der Athmung. Die
Bauchwunde war geheilt.

β. Bewegungen der Athemluft in den Hohlräumen pneumatischer Knochen

Mit der Frage, ob die Vögel im Stande seien, ihren Bedarf an
Athemluft ausschließlich durch einen künstlich geöffneten, lufthaltigen
Röhrenknochen zu schöpfen, haben sich seit HUNTER verschiedene
Forscher beschäftigt. Die einschlägigen Versuche wurden immer
derart angestellt, dass man den Oberarm eines Vogels der Quere nach
durchbrach und hierauf die Luftröhre mittels Ligatur verschloss.
Die erzielten Resultate waren recht verschieden. ALBERS und SAPPEY
konnten ihre Versuchsthiere stundenlang am Leben erhalten, dagegen führten die Experimente COLIN's zu durchaus negativen Resultaten, weil, wie COLIN erklärt, die Spongiosa des Knochens immer
so stark blutete, dass sich die Luftwege sofort mit Blutgerinnsel ver-
stopften. Von nicht viel besserem Erfolge waren HUNTER's Versuche begleitet. Er sagt darüber: Das Thier lebte nur so lange, als
nothwendig war, um augenscheinlich zu beweisen, dass es durch
die Knochenhöhle athmete.«

Auch die von mir angestellten Versuche führten zu keinen ganz
übereinstimmenden Resultaten:

Mit zahlreichen Krähen, Dohlen und einem braunen Milan (Milvus
ater), lauter ausgewachsenen Exemplaren, gelang der Versuch ausnahmslos.

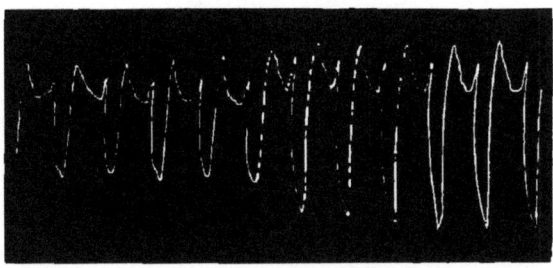

Fig. VIII Kurve 6.

Es stellte sich zwar stets unmittelbar nach Verschluss der Trachea
eine Steigerung in Athmungsfrequenz und -tiefe ein; wenn sich aber
die Thiere nach wenigen Minuten an diese »vikariirende Luftröhre«

gewöhnt hatten, athmeten sie ohne jegliche Störung. Wesentliche Störungen des Athmungsvorganges traten auch nicht ein, als der Milan gezwungen wurde, seinen Luftbedarf durch eine in das linke Femur gebohrte Öffnung von etwa 5 mm Durchmesser zu schöpfen.

Kurve 6. Versuchsthier Krähe. Das Thier athmet durch den

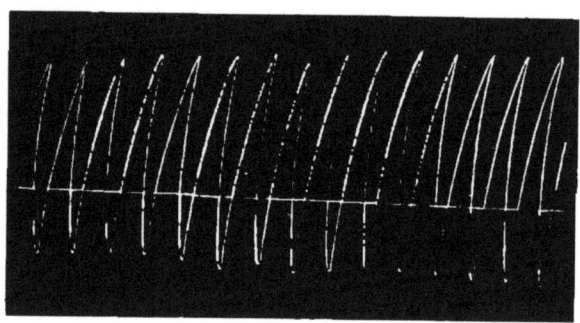

Fig. IX (Kurve 7).

linken Humerus, die Luftröhre ist durch Trachealkanüle und Schlauch mit dem Polygraphen verbunden.

Kurve 7 (mit mitterer Drucklinie). Die Trachea ist unterbunden.

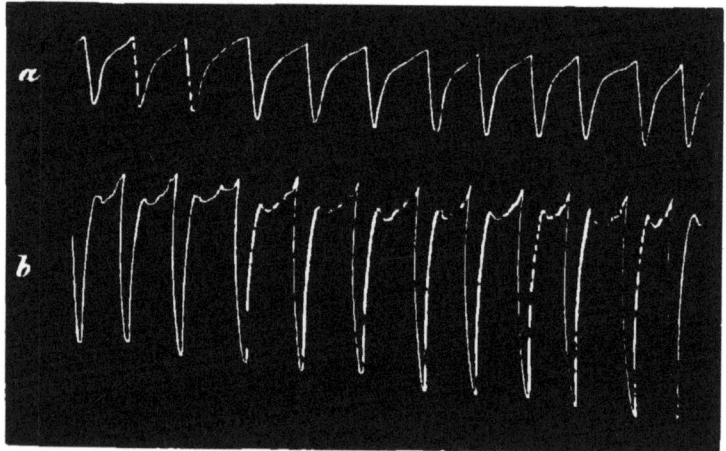

Fig. X (Kurve 8).

Das Thier athmet durch den linken Humerus, der rechte Humerus ist ebenfalls geöffnet und mit dem Polygraphen verbunden.

Kurve 8. Das Thier athmet durch den linken Humerus, der rechte Humerus a) und die Trachea b) sind direkt mit dem Registrirapparat in Verbindung gesetzt.

Anders bei Tauben. Einzelne Thiere ertrugen diese Manipulation fast eben so gut wie Raben, nur stieg die Zahl der Athemzüge jedes Mal von 30 auf 36—40 und wurde die Athmung auch tiefer ausgeführt, ohne dass sich jedoch eigentliche Athemnoth eingestellt hätte. Andere Thiere erstickten in allerkürzester Zeit, wenn der Verschluss der Trachea nicht unverzüglich entfernt wurde. Allein ich glaube annehmen zu dürfen, dass diese Misserfolge auf irgend einen Fehler bei der Operation zurückzuführen sind, den zu entdecken mir allerdings nicht gelang; nur so viel fand ich heraus, dass sich bei solchen Thieren ventilartige Verschlüsse bilden, welche der Luft wohl den Eintritt in die Lungen, nicht aber den Austritt in den Knochen gestatten. Bringt man in derartigen Fällen die offene Knochenhöhle des Versuchsthieres mit dem Polygraphen in Verbindung und verschließt Nasenlöcher und Schnabelspalte fest, so machen sich bei Beginn der Athemnoth einige unregelmäßige Druckschwankungen bemerkbar, worauf mit einem Male der Schreibhebel so weit, wie es der Mechanismus nur gestattet, nach unten sinkt, in welcher Stellung er noch verharrt, wenn die genannten Öffnungen längst wieder frei gegeben sind (vgl. Kurve 9). Die Ursache dieser plötzlichen Druck-

Fig. XI Kurve 9.

verminderung ist in der größtmöglichen Erweiterung des Brustkorbes in höchster Athemnoth zu suchen.

Es fragt sich nun aber, ob — was neuerdings allgemein bezweifelt wurde — in diesen Hohlräumen auch bei normaler Athmung, also bei freier Trachea, eine regelmäßige Lufterneuerung stattfände. Folgende Versuche sollten hierüber Aufschluss verschaffen:

In den Oberarm einer Taube, und zwar etwa in der Mitte seiner Innenfläche, wird mittels kleiner Trephine eine Öffnung von 4 mm

Durchmesser angebracht, in diese eine passende Glaskanüle eingeführt und letztere mit dem dickwandigen Leitungsschlauch des Registrirapparates verbunden. Dabei erhalte ich die Kurve 10.

Fig. XII Kurve 10.

Der gleiche Versuch mit einer Krähe ausgeführt ergiebt Kurve 11. Doppelkurve 12. Die Knochenhöhlen des Oberarms und Oberschenkels eines Milans sind mit je einer Registrirtrommel in Verbindung gesetzt. Die Kurven nehmen von zwei genau senkrecht unter

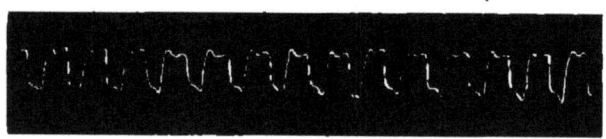

Fig. XIII Kurve 11.

einander liegenden Punkten ihren Anfang. Diese Kurven zeigen in ausgesprochenster Weise, wie ausgezeichnet auch die entferntesten Ausstülpungen der Luftsäcke ventilirt werden und wie gleichmäßig sich die Luft in sämmtlichen Hohlräumen bewegt. Füllung und Entleerung beginnen in beiden Knochenhöhlen in einem und demselben Momente und die feinste Druckschwankung kommt in allen Theilen des pneumatischen Apparates zur vollsten Geltung.

Einen Beweis dafür, dass die Luftsäcke mit den zugehörigen Knochenhöhlen in vollkommen freier Kommunikation stehen, liefert auch folgender einfacher und doch interessanter Versuch: Einer frisch getödteten Krähe werden beide Humeri geöffnet und die Trachea unterbunden. Hält man nun vor den einen Knochenkanal ein brennendes Streichholz und bläst in den anderen kurz und kräftig ein, so verlöscht die Flamme sofort.

Nach alledem kann es nicht bezweifelt werden, dass auch die Hohlräume der pneumatischen Knochen — trotz der starren Wandungen — einer regelmäßigen Durchlüftung ausgesetzt sind, wie ja die verschiedene Temperatur und Zusammensetzung der Luft an

67

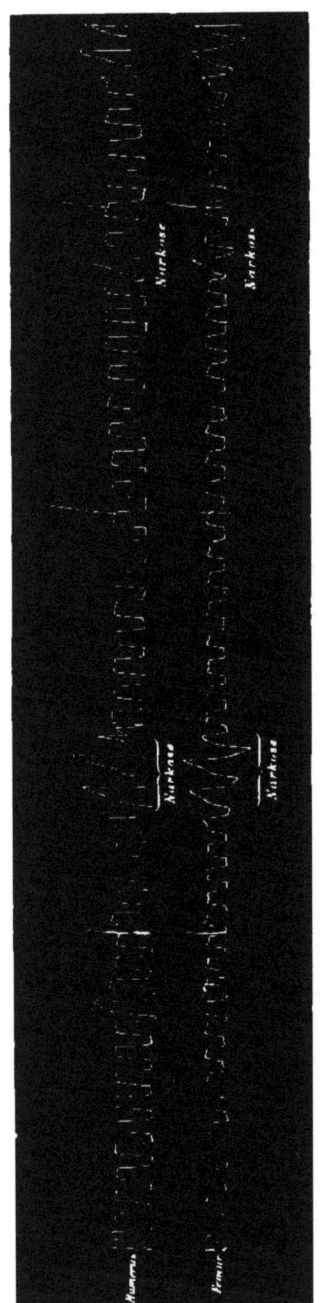

Fig. XIV Kurve 12

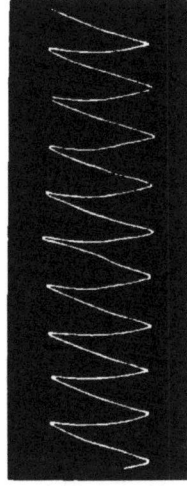

Fig. XVI Kurve 11

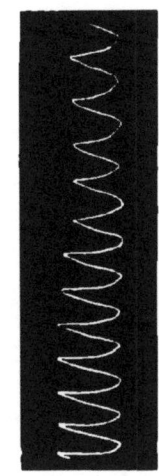

Fig. XV Kurve 13).

5*

sich schon konstante Diffusionsströmungen zwischen den Luftsäcken und den Knochenhöhlen hervorrufen müssten.

Dass durch das Öffnen lufthaltiger Röhrenknochen die Athmung nicht unbeträchtlich beeinflusst wird, wurde im vorigen Kapitel erörtert. Diese Variationen der Athembewegung sind in Kurve 13 und 14 dargestellt.

Kurve 13. Bewegungen des Brustbeins eines Raben.

Kurve 14. Die gleichen Bewegungen nach Öffnung beider Humeri. Die Höhe der Kurve 13 verhält sich zu derjenigen der Kurve 14 wie 1 : 2.

γ. **Durchlüftung des Athemapparates während des Fluges.**

Bisherige Ansichten. Nach den Ansichten von SAPPEY, MAGNUS und vielen Anderen geschieht die Athmung während des Fluges in der gleichen Weise wie in der Ruhe. Von der Voraussetzung ausgehend, dass das Sternum unbeweglich in den Brustkorb eingefügt sei, haben sich diese Autoren damit begnügt, festzustellen, dass die Brustmuskeln bei den Vögeln ausschließlich von diesem Knochen ihren Ursprung nehmen und hieraus gefolgert, dass die Rippen auch während der Flugbewegung ihre freie Beweglichkeit bewahrten.

Im Gegensatz hierzu erklären CAMPANA und STRASSER mit Recht, dass die Flugaktion nicht ohne Einfluss auf die Athmung sein könne: »Durch das Hinausgelangen der Luftsäcke an die hauptsächlich lokomotorische Extremität müsse die lokomotorische Arbeit die Ventilationsgröße steigern.«

MAREY und G. BERT glauben, dass Athem- und Flugbewegungen synchronisch seien, d. h. dass mit jeder Flügelhebung eine Erweiterung, und mit jedem Flügelniederschlag eine Verengerung des Brustkorbes zusammenfalle. G. BERT stellte nämlich durch einen Versuch von allerdings zweifelhafter Zuverlässigkeit fest, dass in der Luftröhre bei der Flügelhebung eine Lufteinsaugung und bei dessen Senkung eine Luftausstoßung stattfände. BERT führte eine T-förmige Kanüle in die Luftröhre eines Vogels ein. Das eine Ende des quergestellten Stückes blieb frei, das andere Ende verband er mittels eines langen Gummischlauches mit dem Polygraphen und ließ dann das Thier fliegen. Nun weiß aber ein Jeder, der sich mit der Herstellung von Pneumatogrammen befasst hat, dass schon geringe Bewegungen des Leitungsschlauches störend wirken. Denkt man sich jetzt ein geängstigtes Thier, mit der Kanüle in der Trachea, und an dieser verschiedene Meter Gummischlauch, herumflattern, so wird man mit mir darin übereinstimmen, dass ein derartiger Versuch nur von zweifelhaftem Werthe sein kann.

Es kann nun begreiflicherweise nicht in meiner Absicht liegen, die Mechanik der Athmung während der Flugaktion eingehend und genau zu schildern. Es wäre dies eine Aufgabe, deren wissenschaftliche Lösung mit den größten Schwierigkeiten verknüpft ist, weil die in Betracht kommenden Vorgänge sich der direkten Beobachtung und experimentellen Untersuchung völlig entziehen. Ich war desshalb darauf angewiesen, einige Folgerungen aus den anatomischen Einrichtungen zu ziehen und zur Begründung dieser den Vogel unter

Bedingungen zu beobachten, die etwa denjenigen gleichkommen, unter denen er sich während des Fluges befindet.

Es ist zunächst eine merkwürdige Erscheinung — und darin unterscheiden sich die Vögel wesentlich von den Säugethieren —, dass bei ihnen die Athmung durch die Körperbewegung scheinbar gar nicht beeinflusst wird, obgleich doch die Flugbewegung als die größte Arbeitsleistung betrachtet werden muss, deren der Wirbelthierkörper überhaupt fähig ist. Während bei allen übrigen Warmblütern größere oder geringere Kraftleistung eine nicht unbedeutende Steigerung in der Zahl und Tiefe der Athemzüge hervorrufen, die nachher stets noch einige Zeit anhält, bemerkt man beim Vogel, z. B. einer Taube, die eben eine große Strecke in rasender Geschwindigkeit durchflogen hat, und wobei acht bis zehn Flügelschläge in der Sekunde ausgeführt wurden, kaum eine Beschleunigung der Athmung.

Eine Brieftaube legt nach GÄTKE (Vogelwarte Helgoland) 15, 28 und mehr geographische Meilen in der Stunde zurück. Die Fluggeschwindigkeit ist aber viel größer bei wandernden Vögeln. So wurde für die Rabenkrähe (Corvus cornix) eine Wandergeschwindigkeit von 27 Meilen nachgewiesen, und das nordische Blaukehlchen soll 45 Meilen in der Stunde zurücklegen. Regenpfeifer, Brachvögel, Uferschnepfen legen nach Beobachtungen GÄTKE's mindestens 50 Meilen in der Stunde zurück. Vgl. auch MOSSO, Die Ermüdung. p. 17 und 18.

Diese Erscheinung ist um so auffallender, als der Widerstand, den die Luft dem schnellen Vorwärtsdringen entgegensetzt, die Athmung, speciell die Ausathmung, ungemein erschwert.

Man denke nur an die Athembeklemmungen, welche sich einstellen, wenn man den Kopf mit nach vorn gerichtetem Gesichte aus einem in vollem Gange befindlichen Eisenbahnzuge zum Fenster hinaushält. VROLIK ist der Ansicht, dass ein Mensch, der auf einem rasch dahineilenden Strauß sitzen würde, ersticken müsste, wenn er an diese Bewegung nicht gewöhnt wäre. Dieser Widerstand ist allerdings viel geringer in bedeutenden Höhen, wo die Dichtigkeit der Athmosphäre aufs äußerste vermindert ist.

Bemerkenswerth ist es, dass bei Vögeln, die in einem beschränkten Raum, wie in einem Zimmer, herumzuflattern gezwungen werden, in allerkürzester Zeit Athemnoth und hochgradige Ermattung sich einstellen.

Aber noch ein weiteres wichtiges Moment muss berücksichtigt werden: Beim Menschen und den Säugethieren geht jede anstrengende Thätigkeit der vorderen Extremität (Heben großer Lasten etc.) mit mehr oder weniger vollkommener Unbeweglichkeit des Brustkorbes und des Zwerchfells einher. Denn, wenn die Muskeln, welche vom Stamm an die Extremität übertreten, eine nachhaltige Wirksamkeit entfalten sollen, so müssen sie in dem ersteren eine hinlänglich feste und sichere Stütze finden. Da aber die Feststellung der Brustwände sehr bald eine Sauerstoffverarmung des Blutes nach sich zieht, so können solche Muskelanstrengungen nie von Dauer sein. Sie müssen alsbald unterbrochen werden, damit die Athmung ihren Fortgang nehmen kann.

Es kann nun keinem Zweifel unterliegen, dass bei der Flugbewegung der Vögel die Rippen, das Sternum, und vor Allem auch die Coracoide und die Furcula festgestellt werden müssen. Die Rippen, weil auf ihnen die Achse, um die sich der Flügel bewegt, das Schulterblatt, befestigt ist, das Brustbein, weil es den Brustmuskeln, den Hauptfaktoren der Flugbewegung, zum Ansatz dient, die Coracoide und die Furcula, weil sie als Strebepfeiler die feste Verbindung zwischen den beiden vorigen und zugleich eine feste Stütze für die Luftruder bilden müssen. Der Schultergürtel würde seine ganze Bedeutung einbüßen, wenn er bei der Bewegung der Flügel nicht feststände.

Würden die Brustwände während des Fluges nicht fixirt, so würde die Kontraktion der Brustmuskeln nicht sogleich durch eine Senkung der Flügel, sondern zunächst durch eine Hebung des Brustbeins beantwortet werden, weil ja bei der Bewegung des letzteren ein viel geringerer Widerstand zu überwinden wäre als beim Niederziehen der Flügel. Durch eine derartige Einrichtung ginge aber ein großer Theil der Muskelkraft, und zwar gerade die ergiebigste Anfangswirkung der Muskeln, für die Lokomotion verloren.

Eine respiratorische Bewegung der Rippen ohne gleichzeitige Verschiebung des Sternums, wie sie von MAGNUS, SAPPEY und Anderen angenommen wird, lässt sich mit dem mechanischen Bau des Brustkorbes absolut nicht vereinigen.

Die Fixation des Brustkorbes und damit auch des Schultergürtels kann leicht erreicht werden durch Verharren der Inspirationsmuskeln im Kontraktionszustande. Die Processus uncinati und die Gelenkverbindungen der Rippen (Kniepresse!) begünstigen diese Feststellung in hohem Grade.

Nach all diesen Erwägungen komme ich zum Schlusse, dass die Durchlüftung des Athemapparates während des Fluges in ganz anderer Weise erfolgen muss, als in der Ruhe oder bei der Bewegung auf festem Boden, und es darf füglich ange-

nommen werden, dass besondere Athembewegungen neben den
Flügelbewegungen nicht ausgeführt werden.

Gewiss ist, dass der Respirationsapparat der Vögel auch im
Fluge ausgezeichnet durchlüftet sein muss, denn bekanntermaßen
wirkt nach bisher herrschenden Ansichten bei den Säugethieren die
Muskelthätigkeit nur dadurch beschleunigend auf die Athembewegungen ein, dass sie den Sauerstoffverbrauch und die Kohlensäurebildung bedeutend erhöht.

Nun hat schon Hunter den Luftsäcken die Aufgabe zugeschrieben, dem rasch dahinfliegenden Vogel als Luftreservoire zu dienen, eine Ansicht, die neuerdings nur wenig Berücksichtigung fand, die aber sicherlich sehr viel für sich hat. Für dieselbe spräche auch der Umstand, dass die Luftsäcke ein viel größeres Luftquantum zu fassen vermögen, als sie bei ruhiger Athmung aufnehmen.

Allein, wie der Versuch zeigt, reicht der Vogel mit dem Luftvorrath, der ihm nach höchstmöglicher (künstlicher) Füllung der Luftsäcke und Verschluss der Luftröhre zur Verfügung steht, kaum $2^1/_2$ Minuten aus. Es müssen daher Vorrichtungen vorhanden sein, welche den Vogel in Stand setzen, auch bei festgestellten Brustwänden die Athemluft zu erneuern.

Eine derartige Einrichtung ist zweifelsohne in den axillaren und subpectoralen Säcken gegeben. Diese Säcke, die ja bei guten Fliegern besonders entwickelt sind, verändern nämlich bei den verschiedenen Phasen der Flügelbewegung regelmäßig ihr Volumen.

Wenn man nach künstlicher Fixation des Brustkorbes die Luftröhre eines frisch getödteten größeren Vogels mit einem Manometer verbindet, so beobachtet man, dass bei der passiven Bewegung des Flügels in der Richtung des Rückens die Luft angesaugt wird und bei der Bewegung in der Richtung der Brust die Luft nach außen strömt. Wird das Cavum der interclavicularen Säcke durch Öffnung der beiden Humeri mit der Außenluft in Kommunikation gesetzt, so werden bei Bewegung der Flügel in dem Manometer Druckschwankungen nicht mehr wahrgenommen. Verbindet man aber den durchschnittenen Humerus mit dem Manometer und verschließt die Luftröhre, so erhält man die gleichen Resultate wie bei dem ersten Versuche. Ferner sieht man beim Einblasen von Luft oder Einspritzen einer Injektionsmasse in die Trachea eines todten Vogels die Flügel vom Körper sich abheben und umgekehrt beim Ansaugen der Luft sich senken. Somit müssen auch durch das Heben und Senken der Flügel beim Fluge die Luftsäcke des axillaren und subpectoralen

Raumes abwechselnd erweitert und verengert, und die Luft in Folge dessen eingesaugt und ausgestoßen werden. Auch der Versuch von G. BERT ist in diesem Sinne zu deuten (vgl. auch WEBER [57].

Bedenkt man nun, dass gute Flieger je nach ihrer Größe 3 bis 13 Flügelschläge in der Sekunde machen, so wird es klar, dass durch die Bewegung der Flügel ein sehr beträchtliches Luftquantum umgesetzt wird, ohne dass hierzu eigentlich ein besonderer Aufwand von Muskelarbeit nothwendig wäre.

Es liegt aber die Vermuthung nahe, dass die bei schneller Vorwärtsbewegung auf den Vogel einwirkende Luftdrucksteigerung zur Durchlüftung des Respirationstractus mit beiträgt, dass, indem der mit vorgestrecktem Kopf fliegende Vogel sich gleichsam in die Luft einbohrt, diese in dessen Nasenöffnungen einströmt und die Luftsäcke wie Fallschirme aufbläht. Dadurch stände dem Vogel ein ständiger Vorrath von Athemluft zur Verfügung, der dann durch das Pumpenspiel der axillaren und subpectoralen Säcke in Cirkulation gesetzt würde; auch an eine Mitwirkung der Bauchpresse wäre zu denken.

Zu bemerken ist, dass die Nasenlöcher der Vögel so beschaffen sind, dass sich die Luft in ihnen fangen muss. Schief nach vorn und außen gerichtet, sind sie verhältnismäßig groß und bei manchen großen Fliegern, wie Procellaria u. A., in eine Röhre mit vorstehenden Rändern verlängert; auch bei Diomedea findet sich eine ähnliche Einrichtung.

Dass ein derartiges Athmen aus Luftvorrath ohne jedwede Athembewegung möglich ist, beweisen folgende Versuche.

Der Oberarm einer Krähe wurde geöffnet, die Luftröhre durch eine Trachealkanüle mit einem Gummigebläse verbunden und ein mäßig starker Luftstrom eingeblasen. Der Körper des Versuchsthieres dehnte sich bedeutend aus, die Bauchdecke wurde straff gespannt und die Athembewegungen sofort gänzlich eingestellt. Dabei befand sich der Vogel offenbar ganz wohl und verrieth keinerlei Missbehagen (Apnoe). Die eingeblasene Luft strömte durch den Humerus wieder aus. Wurde die Lufteinblasung unterbrochen, so verstrich längere Zeit, bis die Athembewegungen wieder begannen. Die Athemzüge waren Anfangs schwach und erreichten erst allmählich die gewöhnliche Stärke. Mit dem gleichen Erfolge wurde die Luft durch den geöffneten Humerus oder eine in den hinteren thorakalen Sack eingelegte Kanüle eingeblasen, wobei sie dann durch die Luftröhre ausströmte.

Zu einem weiteren Versuche bediente ich mich eines Wasserstrahlgebläses, mit dessen Ausblaseschlauch ich eine passende Glasröhre verband. In das freie, leicht trichterförmig erweiterte Ende der letzteren wurde der Schnabel einer mit gestrecktem Kopf auf ein Brett befestigten, sonst aber intakten Taube bis über die Nasenlöcher eingeführt, derart, dass die Luft ringsum vorbeistreichen konnte.

Sobald das Gebläse in Gang gesetzt wurde, blähte sich das Thier wie bei den vorigen Versuchen auf, die Athemzüge wurden seltener, äußerst oberflächlich, kaum wahrnehmbar, aber es gelang nicht, die Athembewegungen vollkommen zum Stillstand zu bringen. Auch bei diesem Versuche, den ich mit kurzen Unterbrechungen über eine halbe Stunde ausdehnte, äußerte das Versuchsthier nicht das geringste Missbehagen.

Die Aufzeichnungen 15 und 15a veranschaulichen den Einfluss des Luftstromes auf die Athembewegungen. Kurven a 15 und 15a zeigen die Bewegung des Brustbeines der ruhig athmenden Taube, die Kurven b bei einwirkendem Luftstrom.

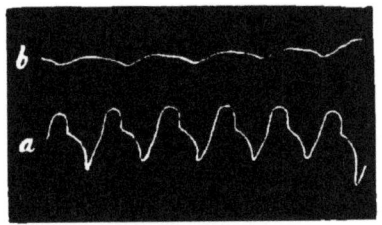

Fig. XVII Kurve 15.

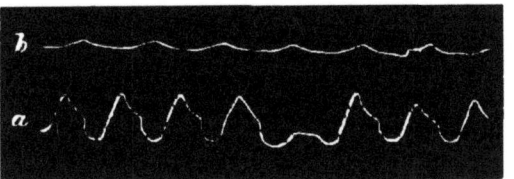

Fig. XVIIa Kurve 15a.

Es hat somit folgende Annahme viel Berechtigung: Die Luftsäcke sind Luftbehälter für den Flug. Sie setzen den fliegenden Vogel in Stand, sein Athembedürfnis in reichlichem Maße zu befriedigen, ohne besondere Athembewegungen auszuführen: er athmet aus Luftvorrath, befindet sich also dauernd im Zustande der Apnoe.

Aus den erwähnten Beziehungen der Flugbewegung zur Athmung erklärt sich auch das schnelle Eintreten von Athemnoth beim Herumflattern im eingeschränkten Raume.

Die Feststellung des Brustkorbes in Inspirationsstellung brächte den mechanischen Nutzen mit sich, dass die beiden Ansatzstellen der Brustmuskeln weiter aus einander zu liegen kämen, wodurch die ausschlaggebende Wirkung dieser Muskeln erhöht würde.

2. Zum Chemismus der Athmung.

Besteht in den Luftsäcken ein respiratorischer Gaswechsel? Nachdem sich ergeben hat, dass sich die Rumpfluftsäcke durch Gefäßarmuth auszeichnen und die wenigen Gefäße derselben dem Körperkreislauf angehören, kann an eine Unterstützung der Bluterfrischung durch die Luftsackwände wohl kaum gedacht werden. Auch die Vermuthungen älterer Forscher, dass die Luft durch Vermittelung der Luftsäcke, ohne Dazwischentreten des Blutes, einen direkten Gasaustausch mit den Gewebselementen des Körpers unterhalte oder dass ein Gaswechsel zwischen der Athemluft und den Kapillarsystemen des Körperkreislaufs stattfände, haben wenig Wahrscheinlichkeit. Denn die dreischichtige, ziemlich dichte und offenbar auch saftarme Membran der Luftsäcke muss einen derartigen Diffusionsverkehr zum allermindesten sehr erschweren und verlangsamen, oder — was mich viel wahrscheinlicher dünkt — vollständig verhindern.

Um mir Aufschluss darüber zu verschaffen, ob die Luft in den Luftsäcken eine Veränderung in ihrer chemischen Zusammensetzung erleide, machte ich wiederholt den Versuch, durch die unmittelbar am Brusteingang quer durchschnittene Luftröhre einen feinen Lungenkatheter in einen der bronchialen Zugänge der Luftsäcke einzuführen und so die freie Verbindung zwischen Luftsack und Lungen aufzuheben. Ich hätte alsdann von außen her eine Kanüle in den betreffenden Sack eingelegt, einen konstanten Luftstrom langsam durch den Luftsack hindurchgeführt (Katheter-Luftsack-Kanüle) und diese Luft chemisch untersucht. Von der Ausführung dieses Versuches musste leider Abstand genommen werden, weil es niemals gelang, den Katheter durch den unteren Kehlkopf hindurchzubringen.

Wesentlich anders gestalten sich diese Verhältnisse in den lufthaltigen Knochenhöhlen: Es wurde gezeigt, dass die häutige Auskleidung dieser Räume ziemlich enge Netze und Geflechte von wirklichen Kapillargefäßen aufweisen, die theilweise nur von einem einschichtigen zarten Plattenepithel bedeckt sind.

Diese Einrichtung im Verein mit der von mir nachgewiesenen Durchlüftung dieser Hohlräume ließen voraussetzen, dass hier ein direkter Austausch zwischen Blutgasen und Athemluft stattfinde, eine Vermuthung, die denn auch durch folgenden Versuch ihre Bestätigung fand:

In den Oberarm einer $2^{1}/_{2}$ Jahre alten Gans, etwas distal vom Schultergelenk, wurde eine kreisrunde 4 mm weite Öffnung eingebohrt[1] und von dieser aus die Verbindung der Knochenhöhle mit dem Achselsack durch Anstamponiren des obersten Endes der ersteren mit feuchter Watte und physiologischer Thonmischung aufgehoben. Eine zweite Öffnung wurde in der Nähe des unteren Knochenendes angebracht. In jede der beiden Öffnungen wurde eine kurze Glasröhre luftdicht eingekittet und diese durch Gummischläuche mit je einer Gaswaschflasche verbunden, von denen die eine koncentrirte Kalilauge (Flasche I), die andere klares Kalkwasser (Flasche II enthielt. Die Flasche II wurde wiederum mit einem Doppelaspirator in Verbindung gebracht. Die aspirirte Luft passirte also, nachdem sie ihre Kohlensäure an die Kalilauge der Flasche I abgegeben hatte, den Hohlraum des Knochens und dann die mit Kalkwasser beschickte Flasche II.

Vor der Einleitung des Versuchs wurde die Tamponade auf ihre Dichtigkeit geprüft und die Knochenhöhle gut durchlüftet.

Etwa 8 Minuten nach dem Beginn des Versuchs trat in dem Kalkwasser milchige Trübung ein, die sich allmählich zu einem feinkörnigen Niederschlag von kohlensaurem Kalk gestaltete.

Durch obiges Ergebnis ist der bestimmte Beweis erbracht, **dass in den Hohlräumen der pneumatischen Knochen Kohlensäure in geringem Maße ausgeschieden und wahrscheinlich auch Sauerstoff aufgenommen wird.** Ist die auf diesem Wege dem Blut zugeführte Sauerstoffmenge auch nur gering, so ist dennoch die schon von OWEN ausgesprochene Vermuthung, »es sei eine der Funktionen dieser Räume in einer förmlichen Respiration zu suchen«, vollauf begründet.

Der etwaige Einwurf, dass die pneumatischen Membranen keine eigentlichen Lungengefäße enthalten, müsste als nicht stichhaltig zurückgewiesen werden, denn wenn die Kapillargefäße wie andere ernährende Kapillaren Kohlensäure aus dem Gewebe aufnehmen, so können sie dieselbe doch sogleich wieder an die sie umspülende Luft abgeben: »Wo auch immer das Blut mit der Atmosphäre in einen die Diffusion zulassenden Kontakt kommt, muss in derselben Weise wie in den Lungen ein auf Ausgleich etwaiger Spannungsverschiedenheiten hinzielender Gasaustausch eintreten« (HERMANN, Lehrbuch der Physiologie). Man denke nur an die Haut- und Darmathmung,

---

[1] Der erste von mir angestellte Versuch scheiterte an einer heftigen Blutung, die sich bei der Bohrung dieses Loches einstellte. Bei den weiteren Versuchen gelang es, die Blutungen mit dem Thermokauter zu stillen.

die ja bei manchen niederen Thieren allein zur Unterhaltung des ganzen Stoffwechsels genügen.

Über die Bedeutung des pneumatischen Apparates für die Verminderung des Gesammtgewichtes und dessen sonstige Beziehungen zur Flugbewegung, die Verwendung der Luftsäcke zur Stimmbildung etc. ist kaum etwas Neues zu sagen; hingegen möchte ich auf einen Punkt, nämlich die Bedeutung der Luftsäcke für die Wärmeökonomie noch kurz eingehen.

In allerneuester Zeit wurde von VESCOVI (55) die früher schon von CAMPANA geäußerte Meinung wieder aufgefrischt, dass in den Luftsäcken Zwecks Aufrechterhaltung der Homöothermie beträchtliche, aus dem Blute stammende Wassermengen zur Ausscheidung gelangen. Mit dieser Auffassung kann ich mich um so weniger befreunden, als CAMPANA sowohl wie VESCOVI auf die Gefäßarmuth der Luftsackwände sich stützend, deren Bedeutungslosigkeit für die Bluterfrischung ausdrücklich hervorheben.

Es ist ja durch zahlreiche Untersuchungen erwiesen, dass auch bei den Vögeln die ausgeathmete Luft für ihre Temperatur mit Wasserdampf gesättigt ist, und ich habe mich durch eigene Messungen[1] davon überzeugt, dass die in den Luftsäcken cirkulirende Luft annähernd die gleiche Temperatur aufweist wie der Vogelkörper selbst; aber es wäre vollkommen falsch, die Verdunstung des Wassers und die Erwärmung der Luft in den Luftsäcken allein suchen zu wollen. Woher sollte auch das in den Luftsäcken abgedunstete Wasser stammen, wenn sich deren Wände durch Gefäßarmuth auszeichnen? Wollte man aber annehmen, die durch die ausgeathmete Luft entführte Wassermenge würde aus den die Luftsäcke umgebenden Geweben durch die Luftsackmembran hindurch diffundiren, so stünde auch der Annahme, dass gleichzeitig eine respiratorische Gasdiffusion stattfände, durchaus nichts entgegen.

Allein schon MILNE EDWARDS (1857) und LOMBARD (1868) weisen darauf hin — und ihre Auffassung ist jetzt allgemein zur Geltung gelangt —, dass bei den Sängern die Luft bereits auf dem Wege zu

---

[1] Durch eine von außen her angebrachte Öffnung wurde ein gut schließendes Maximalthermometer in den hinteren thorakalen Sack einer Taube eingeführt. Dasselbe zeigte schon nach kurzer Zeit 40,8° C., bei einer Körpertemperatur von 41,5° per anum gemessen) und einer Umgebungstemperatur von 16°. BIELETZKY giebt für die Luftsäcke der Ente eine Temperatur von nur 35,8° C. an.

den Alveolen vorgewärmt und mit Wasserdampf erfüllt wird. Es ist aber durchaus kein Grund vorhanden anzunehmen, dass bei den Vögeln die Sättigung der Athemluft mit Wasserdampf nicht ebenfalls in den Luftwegen und Lungen geschieht.

Nichtsdestoweniger müssen mit Rücksicht auf die Abwesenheit von Schweißdrüsen, die Luftsäcke bei der Wasserverdunstung und Wärmeregulation in so fern eine wichtige Rolle spielen, als eben durch ihre Vermittelung verhältnismäßig viel größere Luftmengen den Athemapparat passiren als bei den Säugethieren.

Schlussfolgerungen.

Fasse ich die Hauptergebnisse vorliegender Abhandlung kurz zusammen, so gestalten sich dieselben wie folgt:

Die Luftsäcke der Vögel müssen allgemein als gefäßarm bezeichnet werden. Die wenigen ihrer Ernährung dienenden Gefäße gehören dem Körperkreislauf an; die Arterien nehmen aus dem Aortensystem ihren Ursprung, die Venen entleeren sich direkt oder indirekt in die Hohlvenen. Kapillarnetze fehlen vollständig. Die Luftsäcke können somit nicht als Vergrößerung der eigentlichen Athemoberfläche betrachtet werden.

Hingegen sind es andere Organisationsverhältnisse, welche die Vögel in Stand setzen, ihr bei der Flugarbeit außerordentlich gesteigertes Sauerstoffbedürfnis auch in wenig dichten sauerstoffarmen Luftregionen zu befriedigen, in denen kein anderer Warmblüter auszudauern vermag.

Lungen und Luftsäcke haben sich in das Athemgeschäft getheilt und durch diese Arbeitstheilung wurde ein Apparat geschaffen, der auch den höchsten Ansprüchen gewachsen ist.

Die Lungen, welche fast ausschließlich den chemischen Vorgängen, dem Gaswechsel zwischen Blut und Umgebungsmedium dienen, sind, wenn äußerlich auch von verhältnismäßig geringem Volumen, mit einem Reichthum an Kapillargefäßen ausgestattet, der von demjenigen der leistungsfähigsten Säuger auch nicht annähernd erreicht wird. — Koncentration des respirirenden Parenchyms. — Diese Kapillaren sind zudem vollständig nackt und derart angeordnet, dass der größte Theil ihrer Oberfläche mit der Luft in Berührung kommt. In diesem Sinne könnte man allerdings von einer Vergrößerung der Athemfläche sprechen.

Aufgabe aber der mächtig entwickelten Luftsäcke ist es, beständig große Mengen Luft an dem mit großer Geschwindigkeit kreisenden Lungenblut[1] vorbeizujagen und zwar einer Luft von stets gleicher Zusammensetzung. Die vom Blute ausgeschiedene Kohlensäure wird unverzüglich aus den Lungen hinausgefegt und gleichzeitig dem Blute reichliche Gelegenheit geboten, Sauerstoff aufzunehmen.

Die Erledigung der Frage, ob etwa das Blut der Vögel hämoglobinreicher ist oder ob das Hämoglobin dieser Thiere eine größere Affinität zum Sauerstoff zeigt, als das der übrigen Warmblüter, muss der Zukunft überlassen bleiben.

Gewiss ist: Der Gasaustausch zwischen Blut und Athemluft vollzieht sich bei den Vögeln zwar in einem räumlich eingeschränkten Organe, aber mit außerordentlicher Geschwindigkeit und Intensität.

Hierzu kommt die höchst zweckmäßige Verwerthung der lokomotorischen Muskelarbeit und der Lokomotion selbst für die Lufterneuerung.

Bemerkt sei noch, dass sämmtliche Wandervögel bei ihrer Reise beträchtliche Höhen einhalten; so ist selbst für die niedrig ziehenden Brachvögel eine Höhe von 3—5000 m festgestellt worden; es wird aber als sehr wahrscheinlich angenommen, dass manche Zugvögel in der staunenerregenden Höhe von 10000 bis 12000 m ziehen (nach GÄTKE).

Mit Rücksicht hierauf dürfen auch für die unter gewöhnlichen Lebensverhältnissen in Höhen von etwa 6000 m emporsteigenden Vögel (Condor, Geier etc.) besondere anatomische Einrichtungen nicht vorausgesetzt werden.

---

[1] Nach HERING und VIERORDT beträgt die mittlere Umlaufsgeschwindigkeit bei Vögeln 1—11 Sekunden, je nach der Größe. SAPPEY giebt 5 Minuten an ?.

Verzeichnis der angeführten Werke.

1. J. A. ALBERS, Versuche über das Athemholen der Vögel. (Beiträge zur Anatomie und Physiologie der Thiere. Bremen 1802.
2. WILLAND GEPYS ALLEN, On the respiration of Birds. Philosoph. Transact. 1829. p. 270.
3. BLUMENBACH, Handbuch der vergleichenden Anatomie. Göttingen 1824.
4. F. E. BEDDARD, Note on the air-sacs of the Cassowary. (Proc. Zoolog. Soc. 1886, p. 145.
5. BERGMANN u. LEUCKART, Anatomisch-physiologische Übersicht des Thierreiches. 1855.
6. PAUL BERT, Leçons sur la respiration. Paris 1870.
7. Derselbe, Recherches expérimentales sur l'influence que les modifications dans la pression barométrique exercent sur les phénomènes de la vie. Ann. d. scienc. nat. Zoolog. Ser. V. T. XX. 1874.
8. N. BIELETZKY, Resultate der Messungen der Athemhöhlen der Ente. Charkow 1878. (Russisch.)
9. FANNY BIGNON, Pneumaticité chez les oiseaux. Lille 1889.
10. H. BOULART. Note sur un système particulier des sacs aëriens observé chez quelques oiseaux. (Journ. d'Anat. et Physiol. 1882. p. 467.)
11. CAMPANA, Physiologie de la respiration chez les oiseaux etc. Paris 1875. Nicht zugänglich.
12. CARUS, Tabul. Anatom. comp. illust. Leipzig 1826—1852.
13. COLAS. Essai sur l'organisation des poumons des oiseaux 1826. FRORIEP's Not. Bd. XV. No. 326. 1826.)
14. COLIN. Traité de Physiologie comparée. II. 1873.
15. CUVIER, Leçons d'Anatomie comparée. 1805.
16. W. H. DROSIER. On the function of air cells and the mode of respiration in birds. (Ann. and Mag. Nat. Hist. 1866. p. 313.)
17. C. J. EBERTH, Über den feineren Bau der Lungen. Zeitschr. f. wiss. Zool. Bd. XII. 1863. p. 450.)
18. EDMONSTON, Über die Fähigkeit, welche die Wassersäugethiere und die Wasservögel besitzen, das Athemholen längere Zeit aufzugeben. FROR. Not. Bd. XIX. No. 401. p. 651.)
19. FATIO, De avium corpore pneumatico. Diss. Berol. 1860.)
20. E. FICALBI, Alcune ricerche sulla struttura istologica delle sacche aërifere degli uccelli. (Att. Soc. Tosc. Sci. Nat. VI. 1885. Ref. Biolog. Centralblatt. 1886. V. p. 249.)
21. L. FULD, De organis quibus aves spiritum ducunt. Virceburgae 1816.
22. GADOW, Vögel. (BRONN's Klassen und Ordnungen des Thierreiches. 1891. p. 713.)
23. N. GOUILLOT, Mémoire sur l'appareil de la respiration dans les oiseaux. (Ann. Sci. Nat. III. S. T. V. 1846. p. 25.)
24. HARVEY, Exercitationes de generatione animalium. (Paris 1737.)

25. HÜFNER, Gesetz der Dissoziation des Oxyhämoglobins. (Arch. f. Anat. u. Physiol. 1890.)
26. J. HUNTER, Sur les receptacles aëriens des oiseaux. Oeuvres T. XVIII. p. 284.)
26a. HUXLEY. Anatomie der Wirbelthiere. Breslau 1875.
27. JACQUEMIN, Sur la respiration des oiseaux. Nov. act. etc. Leop. Carolin. T. XIX. 1842. p. 322.)
28. KOHLRAUSCH, De avium saccorum aeriorum utilitate. Goettingae 1832. (Ref. FROR. Not. Bd. XXXVI. Nr. 788. 1833. p. 230.)
29. LEREBOULLET, Anatomie comparée de l'appareil respiratoire dans les animaux vertébrés. Straßbourg 1838.
30. F. LUCAS, Note on the air-sacs of birds. Ref. Neapl. Zoolog. Jahresbericht 1889.)
31. MAGNUS, Physiologisch-anatomische Studien über die Brust- und Bauchmuskeln der Vögel. (Archiv f. Anatomie u. Physiologie. 1869. p. 207.
32. Derselbe, Physiologisch-anatomische Studien über das Brustbein der Vögel etc. (Archiv f. Anatomie u. Physiologie. 1868. p. 682.)
33. E. J. MAREY, Vol des oiseaux. Paris 1875.
34. MECKEL, Vergleichende Anatomie. Bd. VI. Halle 1821—1833.
35. MERREM, Über Luftwerkzeuge der Vögel. Leipzig 1783.
36. MÉRY. Histoire de l'acad. de sci. T. I. p. 151. cf. SAPPEY, p. 66.)
37. MILNE EDWARDS, Leçons de la physiologie comparée. Bd. II. 1857.
38. Derselbe, Sur les sacs respirat. de Calao rhinoceros. (Compt. rend. Ac. Sci. Paris 1884. T. XCIX. No. 20. p. 833.)
39. Derselbe, Observations sur l'appareil respirat. de quelques oiseaux. (Ann. Scienc. Nat. Zoologie. Ser. V. T. III. 1865. p. 137.)
40. Derselbe, Note additionelle sur l'appareil respiratoire. Ann. Scienc. Nat. Zoologie. Ser. V. T. VII. 1867. p. 12.)
41. NITZSCH, Commentationes de respiratione animalium. Wittenberg 1808.
42. Derselbe, Osteographische Beiträge zur Naturgeschichte der Vögel. Leipzig 1811.
43. Derselbe, Über die Pneumaticität und einige andere Merkwürdigkeiten des Skelettes der Kalaos. (MECKEL's Archiv. 1826. p 618.)
44. OWEN, The Anatomy of the Vertebrates. Vol. II. p. 216. London 1866—1868.
45. PAGENSTECHER, Allgemeine Zoologie. 1878. III. Theil. p. 336.
46. PERRAULT, Mém. de l'acad. d. science 1666. (Unzugänglich.
47. PRECHTL, Untersuchungen über den Flug der Vögel. Wien 1846.
48. H. RATHKE, Über die Entwicklung der Athemwerkzeuge bei Vögeln. (Nova Acta Acad. Leop. Carol. XIV. 1828. p. 129.)
49. G. ROCHÉ, Contributions à l'étude de l'anatomie comparée des réservoirs aëriens d'origine pulmonaire chez les oiseaux. Ann. d. Scienc. Natur. Zoolog. Ser. VII. T. XI. 1891. p. 1.)
50. PH. C. SAPPEY. Recherches sur l'appareil respiratoire des oiseaux. Paris 1847.
51. SELENKA, Beiträge zur Entwicklungsgeschichte der Luftsäcke des Huhnes. (Zeitschr. f. wiss. Zool. 1866. p. 178.
52. SCHULTZE, Die Lungen. STRICKER's Handbuch von den Geweben. Bd. I. Leipzig 1871.)
53. SIBSON, On the mechanisme of respiration. Philos. Transact. 1846.)
54. STRASSER, Luftsäcke der Vögel. Morphol. Jahrb. Bd. III. 1877. p. 119.)

55. DE VESCOVI, De novo interpretandi modo functionem acriferarum vesicarum in avibus existentium. Zoolog. Res. Ann. I. No. 1. p. 24; Ref. Zool. Anz. 1894. p. 284.)
56. VROLIK, CAMPER's u. HUNTER's Gedanken über den Nutzen der Röhrenknochen bei Vögeln. (REIL's Archiv. Bd. VII. p. 468.)
57. C. WEBER, Über den Bau der Lungen bei Vögeln. Bericht der 19. Versammlung deutscher Naturforscher u. Ärzte. Braunschweig 1842.)
58. WILDERMUTH, Über den feineren Bau der lufthaltigen Vogelknochen.

Erklärung der Abbildungen.

Buchstabenerklärung (alphabetisch).

A.S, abdominaler Sack;
Ax.S, axillarer Sack;
A.Z, abdominales Zwerchfell;
B.m, Brustmuskulatur;
C.Cl.S, cardialer Fortsatz des clavicularen Sackes;
Cd, Coracoid;
Cl, Clavicula;
Cl.S, claviculärer Sack;
Cr.S, cervicaler Sack;
D, Darm;
Hm, Humerus;
Hp, Hüftgelenkspfanne;
h.th.S, hinterer diaphragmatischer (thorakaler) Sack;
H.w.S, Halswirbelsäule;
Hz, Herz;
Icl, interclaviculärer Theil des clavicularen Sackes;
Lb, Leber;
L.c. Musc. longissimus colli;
Lg, Lunge;
M, Magen;
Nr, Niere;
Oe, Ösophagus;
pr.S, sog. präcardialer Sack;
p.Z, pulmonales Zwerchfell;
R, Rippe;
Rm, Rückenmark;
S.it, Canales intertransversarii;
Sp, spinaler Theil des clavicularen Sackes;
Spr.S, suprarenale Parthie des abdominalen Sackes;
Sp.S, subpectoraler Sack;
St, Sternum;
T, Trachea;
v.Cv.S, vertebrale Fortsätze des claviculären Sackes;
v.th.S, vorderer diaphragmatischer (thorakaler) Sack.

Tafel XXI und XXII.

Fig. 1. Querschnitt durch die Lungenpfeifen des Raben; Doppelinjektionspräparat. Vergr.: SEIBERT, Oc. I, Obj. I.

Fig. 2. Epithel der Luftsäcke der Taube, versilbert. Vergr.: SEIBERT Oc. I, Obj. V.

Die folgenden Figuren sind nach Präparaten gezeichnet, in denen die Luftsäcke mit farbiger Gelatine injicirt wurden.

Fig. 3a. Columba livia, die Luftsäcke präparirt, von oben gesehen.

Fig. 3 b. Columba livia, Querschnitt durch den Hals (halbschematisch nach Sappey).
Fig. 4. Corvus corone, Gefrierpräparat, Horizontalschnitt durch das distale Ende der Vertebralrippen.
Fig. 5. Garrulus glandarius, Gefrierpräparat, medianer Längsschnitt.
Fig. 6, 7, 8 u. 9. Garrulus glandarius, Gefrierpräparate:
Fig. 6. Querschnitt im Niveau des letzten Halswirbels.
Fig. 7. Querschnitt im Niveau des dritten Rückenwirbels.
Fig. 8. Querschnitt im Niveau des fünften Rückenwirbels.
Fig. 9. Querschnitt im Niveau des ersten Schwanzwirbels.

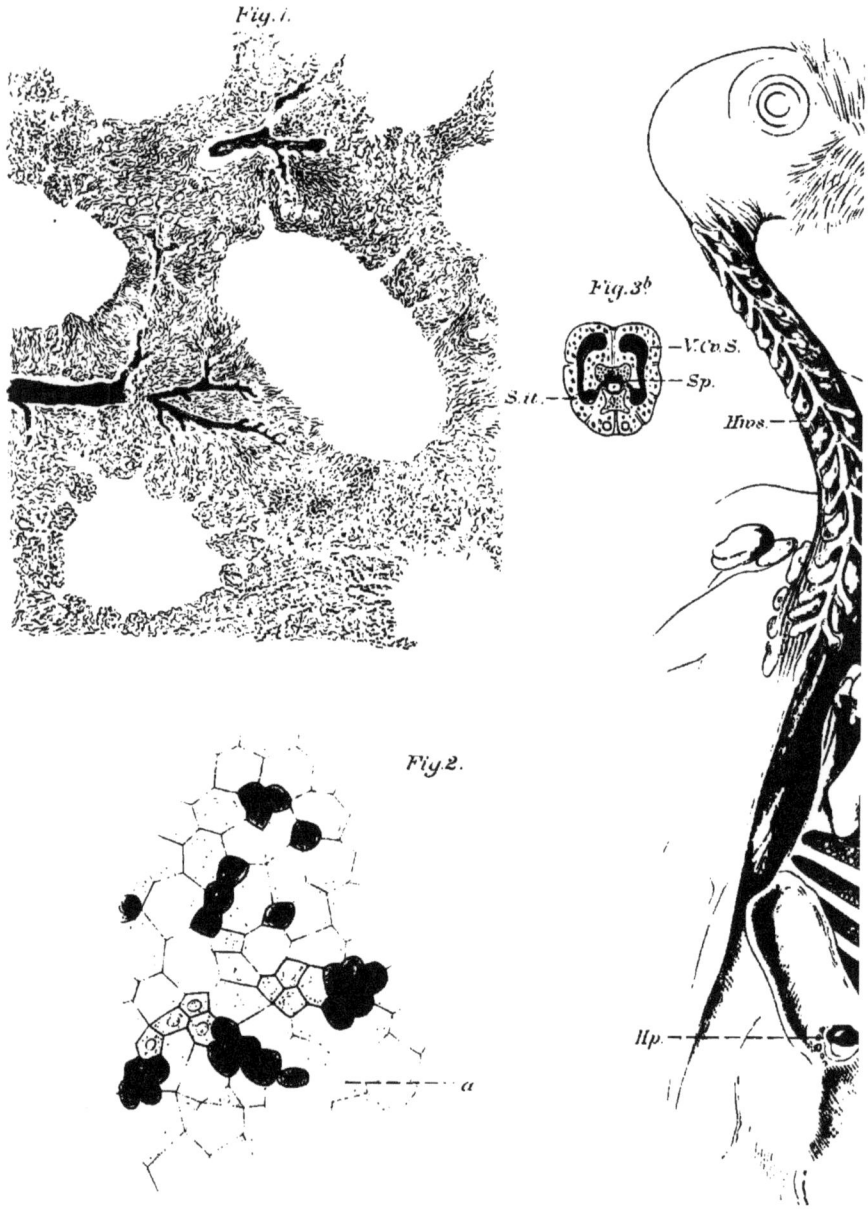

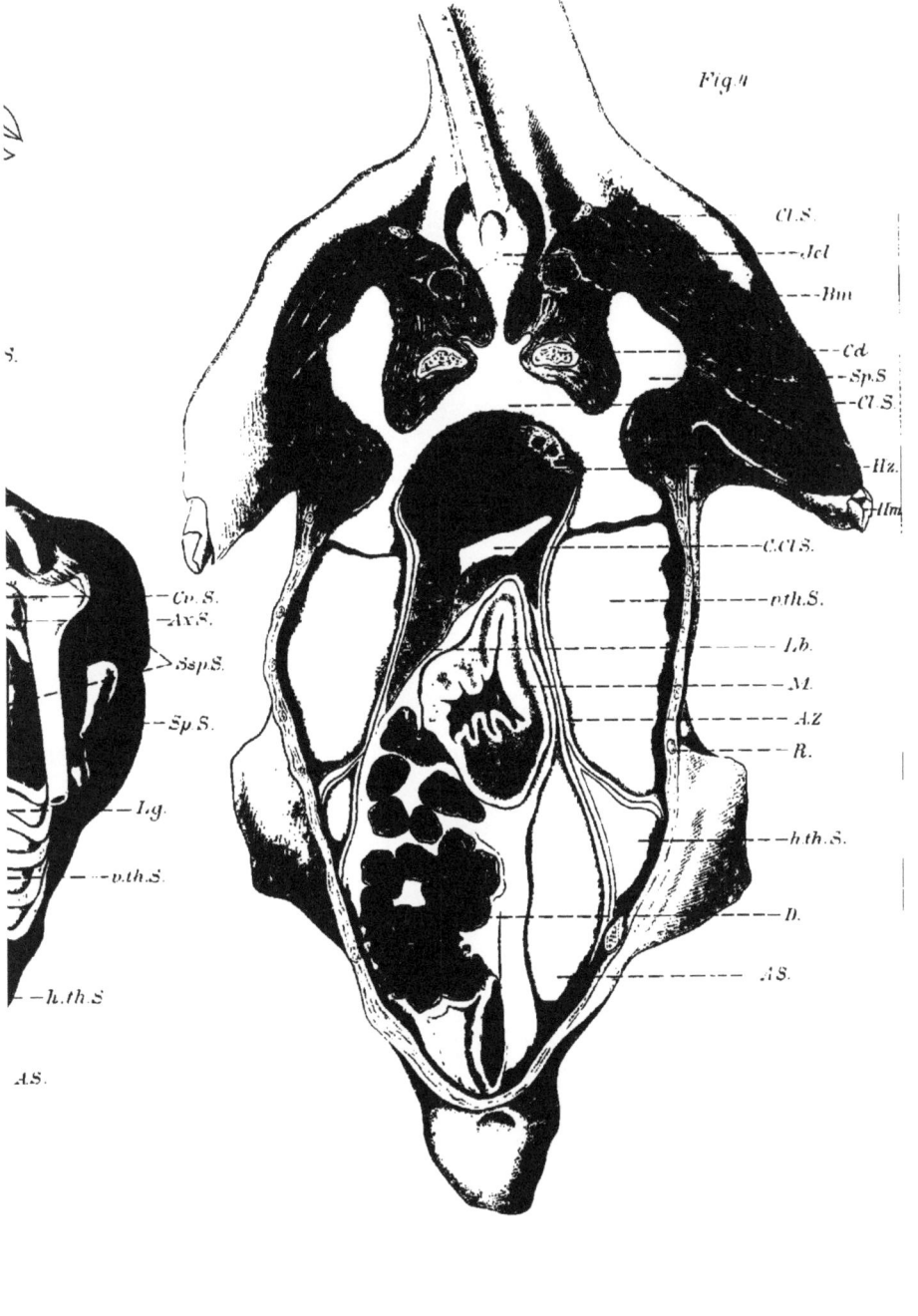

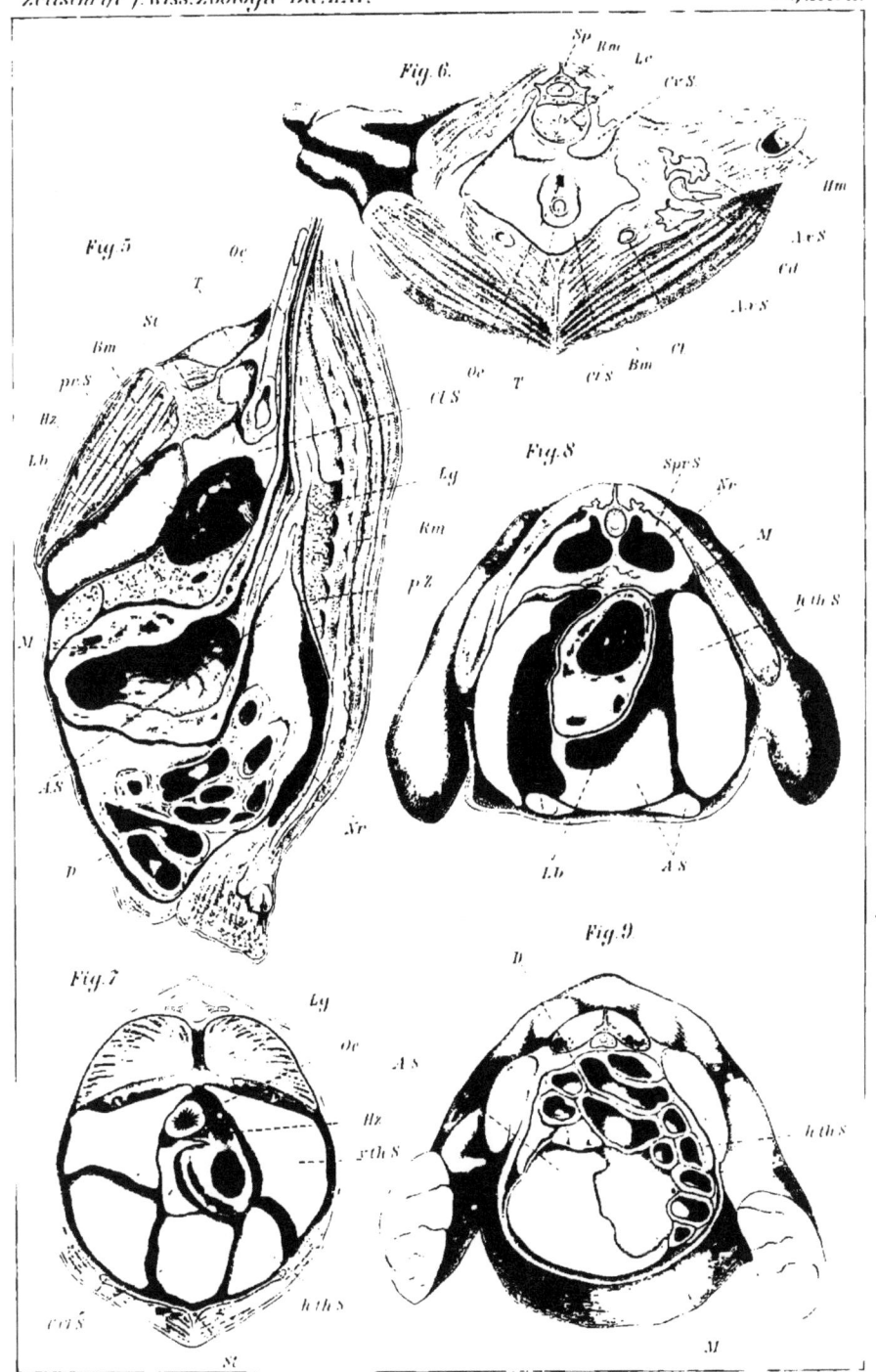